解讀

星座、行星、宮位、相位

運用星辰智慧改變生活

ASTROLOGY

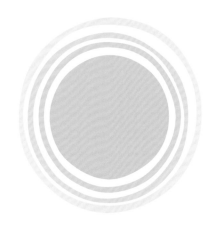

占星
ASTROLOGY
Using the Wisdom of the Stars in Your Everyday Life
教科書

卡蘿爾‧泰勒
CAROLE TAYLOR

Original Title: Astrology
Copyright © Dorling Kindersley Limited, 2018
A Penguin Random House Company

出　　　版／楓書坊文化出版社
地　　　址／新北市板橋區信義路163巷3號10樓
郵 政 劃 撥／19907596　楓書坊文化出版社
網　　　址／www.maplebook.com.tw
電　　　話／02-2957-6096
傳　　　真／02-2957-6435
作　　　者／卡蘿爾‧泰勒
翻　　　譯／亞瑟
企 劃 編 輯／陳依萱
校　　　對／黃薇霓
港 澳 經 銷／泛華發行代理有限公司
定　　　價／650元
初 版 日 期／2020年12月

國家圖書館出版品預行編目資料

占星教科書 / 卡蘿爾‧泰勒作；亞瑟譯.
-- 初版. -- 新北市：楓書坊文化,
2020.12　面；　公分
譯自：Astrology : using the wisdom
of the stars in your everyday life.
ISBN 978-986-377-627-7 (平裝)

1. 占星術

292.22　　　　　　　　109011190

目錄

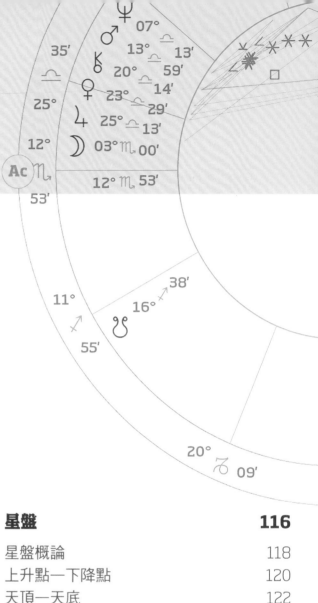

前言

內省的藝術

　　許多世紀以來，占星學享有尊崇的地位，被視為智慧、自覺的來源，並連結世俗與物質生活或背後的神奇世界。

　　古代社會的人們認為自己與宇宙整體密不可分，他們並非超然的觀察者，而是天空劇場的參與者。占星學連同鍊金術、卡巴拉和魔法，自過去若干世紀以來一直是建構西方祕傳或神祕傳統的重要思潮之一。占星學的哲學基礎為宇宙賦予人們靈魂，在這個宇宙中，萬物相互關聯，萬事皆有意義。

　　當代科學與占星學的觀點截然不同，前者認為我們孤立於宇宙中，生命是生物學的意外，本身並不具備意義或目的；後者則認為星盤揭示你的生命地圖，顯示個人的性格與天命，也反映出其他更重要的事物——你在一個不止息的轉輪中，擁有獨特的地位。

　　祕傳簡單來說是指「內部的」或「隱藏的」，所以占星學本質上是向內探求的藝術，聚焦於內在經驗和探索每個人生活底

> **個人星盤**包含生命中每個可想到的領域，從**出生到死亡**和其間的全部階段。星盤透露你的**動機和需求**，驅使你的所作所為、去到你所到之處，以及尋得你所尋求之物。

下的隱藏型態，以及生活本身。因為保有這份自覺，我們更加瞭解周遭世界——我們與其他人的關係，以及我們所遭遇的經驗。

個人星盤（天宮圖）包含生命中每個可想到的領域——從出生到死亡和其間的全部階段。星盤透露你的動機和需求，驅使你的所作所為、去到你所到之處以

及尋得你所尋求之物。它描述實質和心理層面的事物，將過去、現在和未來含納於一個整合的星盤之中。

簡而言之，我們可以說你的星盤是靈魂的地圖，以及你如何透過你的一生，使靈魂表露而出的指引。

同時，占星學也是一種極

為實用的知識類型。它開啟心理覺知，展現供你使用的才能和技巧，告知你如何能成為最好的自己。此外，占星學還能讓你在遇上危機、困難和疑惑的時候，提醒有用的策略和方法。

此書能讓你獲取上述所有層面的訊息，可作為豐富與深化內在世界，以及實用的生活指南。

卡蘿爾·泰勒

占星學故事

何謂占星學？

適用於現代的古老技藝

占星學可定義為解讀行星和其他天體的運動與型態，並連結到人間生活的方法。占星學視宇宙為整體，且相互映射。

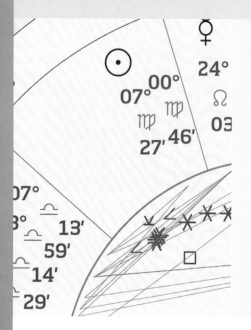

占星學的過去與現在

　　如今許多人視占星學為古老、與現實脫節的過時事物。然而占星學的運用綿延至今，且確實在二十與二十一世紀找到新的關聯性。身處在科學時代，我們也許比以往更需要另一種觀點，來滿足人類連結外在和心靈的渴望。

　　現今的占星學起源自古代巴比倫和希臘世界，以「天宮圖」（又稱星盤）的概念為基礎。巴比倫人發明黃道，並為行星運動賦予意義，使之成為天意的傳達者。西元前第四世紀，亞歷山大大帝征服巴比倫之後，這些想法隨後為希臘人吸納，並且被希臘宇宙論和信仰所形塑，最終產生我們現在所熟悉的天宮圖。

什麼是天宮圖？

　　天宮圖是取自特定時間和

> **星盤**是你的**生命圖像**，其象徵描述**內在與外在環境**，以及你的個人故事與經驗等所有層面。

地點，以當時行星排列的狀態製成的圖像。那是以地球為中心的模型，將觀察者置於輪心，周圍環繞著在地平線上方和下方的天空。因此是一種以人為中心的宇宙觀，承認人與宇宙之間有緊密的連結。

從天宮圖中可發現環繞著地平線的黃道十二星座，太陽、月亮，以及從水星到土星等行星，當代還多出了天王星、海王星和冥王星。繪製天宮圖的占星師會視情況標示出其他天體，依據它們在天空的

位置，沿著輪環一一安放。

「天宮圖」（horoscope）一詞意指「時間的觀察者」，起初指稱星盤中的特定時刻──上升星座（亦即出生時上升於東方地平線的黃道星座），至今它用於表示整個星盤，也被稱作出生盤、本命盤。

天宮圖的意義

星盤是**你的**生命圖像，其象徵描述內在與外在環境，以及你的個人故事與經驗等所有層面。你的一切和所有作為都涵蓋

在這幅動態圖中。

星盤會反映出你獨特的性格，確認與證實你最深層的情感、關切的面向和欲望，顯示出對你最有意義的事物，以及你如何找到方法讓自己光采出眾。

占星學簡史

歷來的占星學

占星學起源自美索不達米亞，從這個古代世界的文化熔爐，透過伊斯蘭學者傳播到歐洲，於中世紀與文藝復興期間在歐洲發揚光大。啟蒙時代失勢沒落的占星學，到了現代再度翻身、重現於世。

占星學的起源

　　大多數文明都會進行某種形式的天象觀察，利用行星運動的知識，作為舉行宗教儀式和紀念活動，以及標示時間推移和季節變遷的靈感。舉例來說，證據顯示早在二萬五千年前即存在月亮週期的紀錄。從天空尋求意義，似乎是人類天性中自然而然的一部分。技術純熟的古巴比倫天文學家細心記錄行星循環。我

們從巴比倫人那裡獲知黃道帶，也就是根據一年之中太陽運行穿越的星座所做的設計，被用來調整曆法和繪製未來的行星運動，使預測變成可能的事。後來黃道帶逐漸與其星座背景脫鉤，成為我們現今所認識的十二個大小相等的黃道星座組合。

古代世界：希臘與羅馬

　　占星學從巴比倫傳到希臘和埃及，進入亞力山卓這古代世界的學問中心，天宮圖的概念於焉誕生。天宮圖結合了巴比倫的黃道帶與希臘的四元素和天球概念，加上埃及的象徵符號。此外，還注入新柏拉圖派哲學，相

> 據證顯示早在**二萬五千年前**即存在**月亮週期**的紀錄。**從天空尋求意義**，似乎是人類經驗中自然而然的一部分。

信天空與人世之間存在著奇妙的對應關係。

到了西元二世紀，天宮圖占星學完全成形，並在古羅馬廣為流行，受到帝王和平民百姓的喜愛。

中世紀與文藝復興時期的占星學

羅馬帝國崩解以及亞力山卓陷落後，占星學被伊斯蘭學者保存下來，他們將占星學作品翻譯成阿拉伯文。其作品轉而被譯成拉丁文，最終於十二世紀傳入歐洲。

中世紀與文藝復興時期是占星學發展的歷史高峰。占星學作為七藝（Seven Liberal Arts）之一，在數所大學被教授，並構成許多醫術的基礎。每個宮廷都有自己的占星師——天文學家，甚至連教皇也向占星師求取建議。

然而文藝復興也帶來新的人本主義精神，以及對科學知識的追求。例如天文學家克卜勒，雖然從事占星術，但尋求更科學的版本。而諸如培根、笛卡爾和康德等哲學家則強調理性，並視科學為獲得真理的途徑。

等到歐洲邁入啟蒙時代，占星學便失勢沒落。

十九世紀與二十世紀

大約十九世紀末，隨著人們對唯心論和東方宗教哲學越來越感興趣，占星學明顯復興。

精神病學家榮格深受占星學吸引。利用榮格的原型與無意識理論，二十世紀開始發展出我們現在所知的「心理占星學」。

二十一紀占星學

天文學家對天空進行實質的探索，而占星師則是自內而外來瞭解宇宙與塵世之間的複雜關聯。一如古代占星學，現代占星學同樣著重於我們如何能順應天體型態的節奏，過著成果豐碩的生活。

現代占星學

當代對占星學重燃興趣

大多數人是透過太陽星座專欄首度接觸到占星學，然而這其實是相當晚近的發明，一種簡化的商業運用，其簡略掩蓋了完整天宮圖的豐富性。

太陽星座專欄

　　一九三〇年，占星師納勒（R. H. Naylor）為某家週日報紙寫了篇文章，內容是有關新公主瑪格麗特的天宮圖。他的這篇文章大受歡迎，於是被要求撰寫更多文章，這回他寫了一篇預測同年稍後將會發生空難的專文。後來果真有一艘英國飛艇在法國墜毀，納勒因為預測準確而受到賞識，並受邀每週撰寫一篇文章。不久之後，英國其他家報紙也開設自己的占星專欄。

　　納勒發明了以十二黃道星座為基礎的系統。他依序將每個星座置於第一個占星宮位，注意行星在輪環上的分布。如此一來，對每一個出生時太陽落入牡羊座的人來說，牡羊座就置於第一宮位置，而太陽落入金牛座的人，金牛座就置於第一宮位置，以此類推。這使得他可以依據每個人都知道的一項資訊：出生日期，而創造出十二個簡短的預測。

　　太陽星座專欄受歡迎的程

> " 近年來**古典占星學**已重新流行，
> 並為**現代讀者**而更新。 "

度時起時落。許多專業占星師因其過度簡化而予以摒棄，但倘若沒有這些專欄，大多數人根本不會知道占星學的存在。

傳統與心理占星學

近年來古典占星學已重新流行，並為現代讀者而更新。不過最重要的或許是合併了深層的心理學，產生出過去幾十年來蓬勃發展的「心理占星學」。心理學提供了占星學先天缺乏的項目——人類行為與人格發展理論。舉例來說，榮格的無意識理論、原型理論以及作為個體化過程產物的自我，已經與占星學結合而產生極為豐碩的成果。

現代占星學

如今占星學越來越受歡迎，尤其在千禧世代之間。再者，隨著占星資訊史無前例地可在線上取得，對不少人而言除了太陽星座之外，也希望能更進一步地認識整個星盤。許多人不再視占星學為娛樂，而是有內容、有意義的事物，具備在危機時刻提供解答的能力。

對未來的不確定感，確實促使許多人放下一般傳統資源，向外去尋求生命智慧，去接觸感覺起來更貼近時代精神的非主流信仰體系和靈性傳統。對於魔法和神祕主義重燃興趣，延燒到文學、時尚、電影和其他許多領域，而占星學於蓬勃興起的另類靈性事物中，是一股重要勢力。占星學能處理具備更深層意義與目的的問題，但容許每個人自行決定是否運用存在的宇宙力量。占星學是可學習並應用於生活各個層面的實用工具，同時也能道出我們對於靈性連結的需求，與現代科學的理性主義形成對比。

占星學與心理學

透過星盤瞭解自己

占星學是一門富有想像力但實用的藝術，適用於生活的所有面向。星盤的象徵符號連結內在心理與外在環境，因此，如果我們更瞭解自己，生活便會更和諧、更具生產力。

占星學是生活指南

縱使大多數時候我們過著順遂的生活，但在遇到危機或不確定的事物時，也會需要一些指導。擁有一樣能讓你瞥見在表面之下、更深層次所發生的事的工具，對你大有助益。

這種生活層面正是心理學想辦法要處理，而占星學也以其獨特的象徵語言，加以訴說的內在事件意義。

占星學鼓勵自覺與自省，以及更透澈地瞭解你是誰，覺察你的所作所為。占星學也能幫助你更加瞭解周遭的人、增進你的人際關係，或至少就你自己的個人經歷而言，告訴你這些關係可能的目的。

占星學也極為實用。舉例來說，如果土星在你的天宮圖中表現活躍，代表這時不適合擴張拓展，而是要集中你的能量，認真工作的時候。如果天王星活躍，最好的回應方式是堅定你的

> **占星學**鼓勵**自覺**與**自省**，
> 以及更透澈地瞭解
> 你是誰和你的所作所為。

意志，即便這麼做會使你與周遭的人不合拍。

順勢而為

占星學讓你能審時度勢和順勢而為，知道採取行動的適當時機，以及如何充分利用特定時機。

我們所做的任何事都不會憑空發生——我們的行動以生活脈絡為背景，受到特定的需求與欲望形塑。無論你是否相信靈魂進化的概念，或認為壓根兒沒有靈魂這回事，但生命確實有其不同的階段和週期，以及潛在的成長與發展天賦。

改變是宇宙中恆久不變的事，我們全都難逃改變的命運。占星學依據行星循環構想此事，行星繞行天宮圖，標誌出我們的生命篇章，將每個經驗和每個階段置於合適的脈絡中。

占星學與心理學

星盤顯示內在與外在環境，形成兩者之間的連結，從而告訴你如何能更加瞭解你的內在心理和動機，藉以改變外在環境。

占星學著重於個人的瞭解與成長，因此你不僅只是被動地對生活做出反應，而是做你自己，全心全力投入生活，主動成為你想要成為的人。

如何運用占星學

本命占星學主要運用在性格描述，確認天賦、潛力和心理動機。

預測然後讓你一瞥未來，不是為了告訴你將來會發生什麼事，而是指出局勢發展的方向，並以象徵的方式建議你最有成效的路徑。

占星學思維

占星師的思維

占星學作為一種哲學，採取「天上如是，人間亦然」的奧妙思維。要運用占星學，你毋須是哲學家，但瞭解占星學的核心概念會有幫助。

天上如是，人間亦然

占星學的核心概念是古老的哲學，表現於赫密士神智學的格言：「天上如是，人間亦然。」這是占星學的基本假定——人間生活反映天上景象。

「天上如是，人間亦然。」深植於古代的對應概念，當中每顆行星掌管宇宙中反射其特定能量或與其能量共振的一切事物。

因此，太陽掌管與太陽有關的事物（君主、國家元首、黃金、向日葵、心臟），而月亮掌管與月亮有關的事物（母親和照顧者、食物和滋養、起落消長）。每顆行星各有支配的領域，遍及生活的每個層面，以及從實質到概念上的經驗。

大宇宙和小宇宙

這也反映出「人是一個小宇宙」的古代觀點。我們每個人都是一個微型宇宙。你的星盤——以黃道帶（星座群）作為邊界的圓圈，容納下全部的行星，並編碼地球與天空的關聯，

> 因此我們可以說，為了**全然欣賞**和運用
> **占星學**，我們有必要**擱置僵固的思維**。

確實就是一個微型宇宙，而你是這個宇宙在你出生時間投射的能量。

占星學作為古代世界、巴比倫星辰宗教與希臘哲學，連同某種混合埃及魔法的產物，只在以地球為中心和古老的前啟蒙時代思維中才具有意義。這正是如今許多人馬上摒棄占星學的理由，因為不符合我們的現代科學觀點。然而占星學是對世界的詩意洞察，而星盤作為某種魔法空間，身處其中，平常的「理性」思考方式須讓位給象徵性的思維。

因此我們可以說，為了全然地欣賞和運用占星學，我們有必要擱置僵固的思維，以便接納這些奠基於宏觀視野，認為萬物相互關聯、一同共振的古老宇宙觀。

象徵的本質

要運用占星學，我們也必須學習如何詮釋象徵。象徵並不提供一體適用的描述。舉例來說，金星是我們創造關係的驅力，但也描述我們的審美觀、藝術潛能、我們如何穿衣打扮或設計髮型、自然世界的生育力，以及物質或世俗事物，例如化妝品和糖果。

每當我們解讀星盤，就必須進行象徵性思考，運用想像力予以詮釋，不只需要明白每個象徵會在許多不同層次上被體驗，也得承認象徵就其本質而言，只提供象徵性的訊息。因此星盤不可能精準告訴我們某人該做什麼事。的確，倘若它真的能提供如此確切具體的預測，便表示人生的命數已定，如機械般呆板。如果我們能瞭解其象徵意義，會知道星盤其實是向我們透露個人生命豐富美麗的可能。

不是只有太陽星座

行星和黃道星座

太陽星座專欄是相當晚近的概念，配合報紙與雜誌的格式被發明而出。以天宮圖為基礎的占星學，遠比太陽星座更複雜，圖中包含所有行星、星座和更多事物，是個人的完整地圖。

星盤是個人的地圖

大多數人都知道他們的「太陽星座」，亦即出生時太陽所落入的星座。但這僅是星盤的其中一個構成要件，因此只呈現某人性格的某部分。就占星學角度而言，一個人遠比他的太陽星座複雜多了。

如果你去諮詢占星師，或參加占星研究課程（或閱讀本書！），便會被引領認識天宮圖——亦即星盤——的概念。天宮圖是在你出生的確切時間和地點，從地球上觀看的格式化天體地圖。天宮圖反映你的性格以及賦予你動機的事物，說明你的生活環境，以及你希望成就的事。那是過去經驗與家族歷程、現在情勢和欲望，以及未來可能性與潛能的匯聚點。

星盤 參閱 pp.116-151

太陽星座

我們會說「她是天蠍座」或「他是雙子座」，簡略表示這人出生時太陽所占據的黃道星座。當有人問起「你的星座」時，指的就是這個。太陽是星盤的核心，代表個人的創造天賦和身分認同，就像鍊金術士的黃金，在一生之中逐步發展。

太陽 參閱 pp.62-63

月亮星座

月亮的重要性等同於太陽，代表我們的基本需求、直覺反應和內在情感生活。太陽與月亮一同被稱作「發光體」，因為它們是天空中我們所見最大、最明亮的天體。所以在天宮圖中，它們代表著最重要的兩股力量。

月亮 參閱 pp.64-65

> **太陽**是星盤的**核心**，
> 代表個人的**創造天賦**和**身分認同**。

行星

在太陽系中，從水星到冥王星等其他行星和天體，都環繞著太陽運行，每個都在性格與生命經驗交織的織錦中，扮演其獨特角色。

每顆行星各自代表某種原型或心理驅力，是人類生命的基本衝動。例如水星是我們溝通、學習和連結的衝動；金星是我們形成關係、合作以及找尋共同點的衝動；而火星則是我們戰鬥、競爭、消耗能量以及彰顯個人意志的衝動。

行星 參閱 pp.58-85

宮位

每顆行星駐守於某個「宮位」。星盤分成十二個宮位，每個宮位代表一個不同的生活層面。其間十二宮位涵蓋生命經驗中的所有重要領域，例如家、家庭或工作與職業。

行星會依照其落入的黃道星座，以及進駐的宮位所分配到的生活層面而表現自我。

宮位 參閱 pp.86-115

黃道星座

在天宮圖中，每顆行星占據某個黃道帶星座。某人可能有落入天蠍座的太陽，而月亮或許位於對面的金牛座；水星在射手座、金星在天秤座，以此類推。你的行星所在的星座位置，創造出你特有的星盤。

黃道星座 參閱 pp.24-57

上升點　　或上升星座

你的上升星座是你出生時於東方地平線上的黃道星座。上升點是將天宮圖分成四等分的四個「軸點」之一，提供有關身分、關係、家庭生活和天命等訊息。更特別的是，上升點是該星座的準確度數，代表你出生的某個特定時間點。　　**上升點** 參閱 pp.120-21

軸點

每個天宮圖都有兩條重要的軸線。第一條是上升點－下降點軸線，代表地平線，從東連到西。上升點象徵出生和新開始。下降點位於上升點對面，是你被吸引到關係中，以找尋「另一半」相關事物的地方。第二條軸線是天頂－天底軸線。天頂是 MC，拉丁文「medium coeli」的縮寫（意指「天空中間」）；天底是 IC，拉丁文「imum coeli」的縮寫（意指「天空底部」）。換言之，這兩個點代表地平線上方的頂點（天頂）和地平線下方的最低點，從南到北垂直分割天宮圖。天頂提供關於你的抱負、職業道路、世俗地位與成就等重要訊息，而天底代表家、家庭和內在聖殿。

軸點 參閱 pp.120-23

CHAPTER

2

黃道星座

黃道星座
概論

生命之輪

黃道帶是占星學最古老悠久的概念。黃道帶分成十二個黃道星座，
構成星盤的邊界輪，透過概略的神話圖像反映出一年的季節週期循環。

生命週期

我們可以視黃道帶為一年發展的週期，太陽完整運行黃道帶一圈，從春分開始，這時太陽進入活力充沛的創始星座牡羊座，而在本質是消融與發散的雙魚座完成旅程。每個星座都是獨一無二的，並且建立在前一個星座的基礎上，創造出完整的經驗週期。

星盤中的星座

行星代表特定的人類驅力，例如，月亮是我們對食物和安全感的基本需求，水星是我們溝通的需求等等。相較之下，星座則代表星盤中某事物的特定表達風格，因此星座決定了落入當中的行星和其他事件的表現方式。

我們多半知道自己的「太陽星座」（你出生那天太陽所占據的黃道星座），並且能直覺地連結到其特性和故事。更仔細地檢視太陽（pp.62-63），我們會發現太陽星座構成你生命經驗的核心，以及你在發展過程中所養成的全套特質和才能。太陽星座象徵你最基本的創造天賦，顯示你適合在神奇黃道圈的何處發展。

然而，要記得你的所有其他行星也占據某個黃道星座。黃道帶也是星盤的邊界，而且每張星盤都包含全部十二星座。因此每個星座具備各自的影響力，無論多麼微小，總會在你生命中的某處發揮。

> 你的**太陽星座**象徵你**最核心的創造天賦**，顯示你適合在神奇黃道圈的何處發展。

雙魚座

牡羊座

水瓶座

摩羯座

射手座

天蠍座

海中山羊
12月22日
～1月19日

弓箭手
11月22日
～12月21日

送水人
1月20日～
2月18日

天蠍
10月23日～
11月21日

天秤座

兩條魚
2月19日～
3月20日

天平
9月23日～
10月22日

牡羊座
3月21日
～4月20日

室女
8月23日～
9月22日

處女座

公牛
4月21日～
5月21日

雄獅
7月23日～
8月22日

獅子座

雙胞胎
5月22日～
6月21日

螃蟹
6月22日～
7月22日

金牛座

雙子座

巨蟹座

極性、元素與型態

評估出生圖中的平衡

十二星座依據兩種極性、四種元素和三種型態進行分類。每個出生圖都是這些因素的獨特組合。出生圖中極性、元素與型態的整體平衡，提供關於你的人格和動機的重大情報。

兩種極性：陽性與陰性

+ **陽性星座** 具備外向、樂觀的特質，傾向於向外發展，需要外在活動和互動的刺激。

− **陰性星座** 比較內向、低調，專注於內在的經驗的思考和整理。

在此我們沒有要論斷這兩種名稱的意思。我們可以視之為中國哲學中的陰與陽、平等與互補。

四元素：火、土、風和水

火是大膽、戲劇化的元素，產生熱與能量。集中的火能撼動山岳，以熱忱、願景和樂觀的信仰橫掃一切。著火的星座行動起來勇氣十足，具備強烈的使命感。

土是堅固、實在的元素，土象星座傾向於腳踏實地，偏好務實的方法和明確的結果。理論和「如果怎樣便如何」不適合這個元素，而土象星座也不熱中於悲秋傷春。

風是概念與想法的世界，風象星座傾向在理性和言語上自我表現，其情感的克制源自於該元素與人際關係中的禮貌互動和風度教養之關聯。

水能以清澈的河流、激烈的湍流、平靜陰暗的湖泊，以及深不可測的海洋形貌出現在自然世界。水象星座帶著敏銳的第六感，依據情感行動。

三種型態：創始、固定與變動

創始星座象徵一年四季的開端，因此這些星座以適合該元素的方式採取主動。創始星座慣於主動出擊，需要新計畫的刺激。

固定星座反映著季節的中段，這時氣候已經穩定下來。固定星座的能量穩定持久，抗拒改變。落入固定星座中的行星安穩不變，善於維持與鞏固該元素所代表的任何事物。

變動星座標誌出季節的末尾，這些星座中的行星偏好運動與改變。不同於創始星座，變動星座的運動沒有焦點，因此允許每種元素不受抑制的流動。

雙魚座

牡羊座

摩羯座

射手座

水瓶座

天蠍座

天秤座

土
創始
陰性

火
變動
陽性

木
固定
陰性

風
固定
陽性

風
創始
陽性

水
變動
陰性

土
雙動
陰性

陽性
創始
火

火
固定
陽性

陽性
固定
土

陽性
創始
水

陽性
雙動
風

處女座

獅子座

金牛座

雙子座

巨蟹座

探索你的星盤

　　藉由留意太陽、月亮、水星、金星、火星、木星和土星（外行星所在的星座位置暗示集體，而非個人主題），評估你星盤中的平衡狀態。你也可以關注上升點所在的星座，因為這個軸點描述你的外在表現和生命態度，也代表你的「性情」。

　　當某種極性、元素或型態的比例較高（對於元素或型態來說，這表示那裡至少擁有兩顆行星），你便能自由舒適、毫不費力地表現其特質。如果當中你沒有任何行星，可能會覺得難以表現其特質，如此一來便會形成某種「陰影」，學習此特質便成為你的終生任務。

　　如果你在某極性、元素或型態中僅擁有一顆行星，你會只透過該行星的模式，強而有力地表現自我。

星盤中的元素

元素	旺盛
火	你傾向高度自我激勵，專注在自己的欲望和驅力。你需要感覺自己與眾不同，渴望成為被關注的焦點或戲劇中的主角。
土	講求實際和實事求是，你擅長處理任務，完成事情。掙脫物質生活和世俗觀點，是生命給你的挑戰。
風	你傾向於活在思維中，總是不輟地思考、釐清概念，你是有天分的溝通者。終生的任務是設法落實你的想法。
水	你傾向於用心來思考，難以冷靜地看待事物。你的天賦是與他人情感交流和瞭解並同理別人的感覺。

星盤中的極性

陽盛陰衰

你喜歡忙得不亦樂乎，需要來自外界的刺激。花時間單獨自省對你而言是一大挑戰。

陰盛陽衰

你屬於比較內向的類型，比起外界的喧嚷吵雜，體驗感官和情緒等內在經驗，更讓你感到自在。

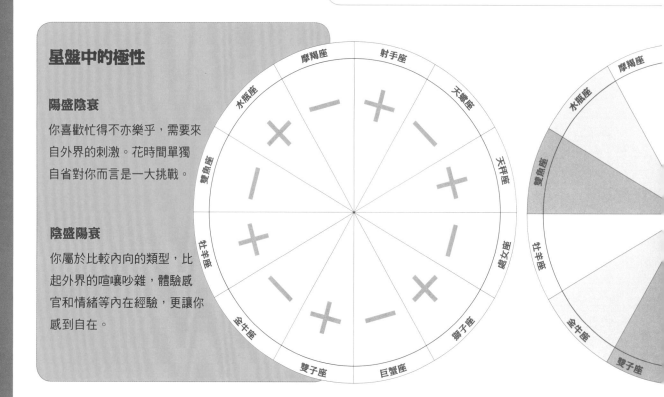

衰落

你可能會發現難以彰顯自我或擁有自信,而必須接受培養領導力、信念和願景的挑戰。

你可能難以滿足身體的需求,也難以適應物質或金錢資源的限制。可能會在無意識下表現出唯物主義。

你的思緒紛雜多變,難以理性客觀地看待事物。你必須慢慢培養出邏輯,以整理大量廣泛的知識。

你內心的感情豐沛,但公開展露情緒卻不是你的作風,太著重於感受,可能會讓你忽略肢體語言的微妙線索。

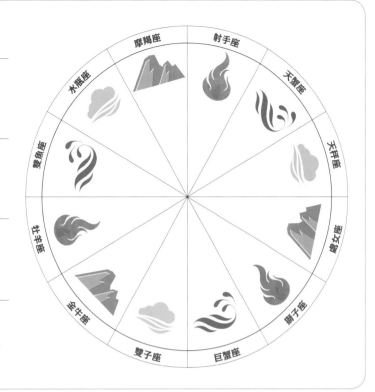

星盤中的型態

型態	旺盛	衰落
創始 ▷	你喜歡掌握主動權,討厭受別人的計畫支配。你應該設定有挑戰性的目標,然後想辦法實現。	你可能會在無意識間成為領導者或擔任開拓者,並受到創業者的角色所吸引。你需要往深處挖掘,以培養這些技能。
固定 ▷	你的續航力和穩定性十足,但容易受困於局勢,害怕繼續邁進。學習應付變化會是你重要的人生課題。	你可能難以堅守立場,尤其處在強大的變動能量中時。你面臨的挑戰是堅持到底,如此方可收穫應得的回報。
變動 ▶	你的適應力極高,有時或許太高了,因此過於容易退讓,而無法為你的領土堅持奮戰。不過你的天賦是順應潮流,不會僵固執著。	你的思路清楚明確、毫不含糊。學習適應或順隨不盡然在你掌握中的情勢,可能是你需要面對的挑戰。

黃道帶**第一個**星座

牡羊座

3月21日 - 4月20日

身為黃道帶第一個星座，牡羊座活潑強健、生氣蓬勃，反映其圖騰動物的活力。陽性創始火象星座外向、進取且熱烈，能量集中於開創新事物。牡羊人需要行動。

符號	♈
極性	**陽性**
型態	**創始**
元素	**火**
守護星	**火星**
身體部位	**頭部和腎上腺**

太陽在牡羊座

你的人生目的是開拓和領路，為追隨者開闢新天地。身為勇敢征服未知的英雄，你找尋挑戰，藉以證明自己。

落入牡羊座的行星

在該星座的行星勇於自動自發地採取行動——你喜歡在這些行星所代表的生活層面採取主動。

牡羊座在宮頭

在這個生活層面，你表現出競爭性和自我激勵，願意冒險，邁入未知世界。

出發

牡羊座預報北半球春天的來臨。落入該星座的行星
會表現出牡羊座的青春熱情和能量。

戰士

牡羊座的主宰是戰
神阿瑞斯（Ares）。
對牡羊人來說，競爭
以及贏得勝利是最重
要的事。

勇氣至上

牡羊座享受冒險，因此
落入牡羊座的行星會迎
向挑戰，作為測試和證
明其力量的手段。

冒險精神與進取心
如果你的太陽或月亮在牡羊座，你偏好掌控局面。

競爭與好戰
在星盤中牡羊守護的領域，你會展現競爭心，
不願妥協或認輸。

魯莽衝動

牡羊座裡的行星依靠自
發的能量茁壯，但易未
經思考，衝動行事。

堅決果斷 牡羊人頭
腦清醒，能在緊急情
況下當機立斷。

專斷獨行

如果有行星落入牡羊
座，你偏愛獨自行事。

迫不及待

你知道你要什麼，而且現
在就想要——最好昨天就
得到。

孩子氣

這個星座誠實坦率，有時天
真幼稚。身為牡羊人，對於
陰謀詭計和政治盤算，或者
事情不按照你的計畫發生
時，真的會感到困惑。

負面特質

牡羊人有時傾向於爭鬥不
休，或者行事莽撞有如「破
城槌」（battering ram）——
牡羊人會搞定事情，但也
會製造衝突。

迅速果決
行星落入牡羊座的人
勇敢迎戰生活。

黃道帶**第二個**星座

金牛座

4 月 21 日 - 5 月 21 日

金牛人冷靜審慎——公牛不輕易發怒且遲於採取行動。陰性固定土象星座含蓄保留、理智且抗拒改變。金牛人迎合物質現實以及自然與身體的節奏。

符號	♉
極性	**陰性**
型態	**固定**
元素	**土**
守護星	**金星**
身體部位	**頸部和喉嚨**

太陽在金牛座

你的人生目的是建立價值持久的事物,這將使你培養出堅持到底的能力和復原力。你的生命如同一座精心打造的花園,受到細心的照料。

落入金牛座的行星

在該星座的行星表現得既理智且重視感官,肉體為表現管道。這部分的你需要時間思考和消化經驗。

金牛座在宮頭

在這個生活層面,你展現出務實、信守承諾與堅持的態度。你願意讓事情自然地開花結果,具備耐心和續航力。

平穩沉著

繼牡羊座的跳躍衝奔之後，金牛座冷靜下來深思熟慮，放慢腳步，從容應對。

物質世界

金牛人對肉體和自然世界感到自在，投入簡單的感官歡愉，例如美食、音樂和藝術。

天生的耐心

你最具價值的能力之一，是明白好東西會留給有耐心的人。你能平靜以對，耐下性子等待。

持久與堅持不懈

一旦投入某個行動方針，你便會堅持到底，即使有時改弦易轍是有利的。

不易發怒

金牛人素以冷靜平和而聞名——大多數時候！但在被刺激或被逼迫時，可能會大發雷霆。

喜愛感官享受

金牛座受生育力暨性愛女神維納斯支配。落入金牛座的行星重視愉快的感官經驗，尋求此類歡愉。

負面特質

金牛人可能極為固執，有時會因此傷害到自己。作為固定的土象星座，金牛座偶爾會垂涎覬覦感官享樂或自耽放縱。

熱愛安全感

金牛人重視安定，不喜歡改變和動亂。

金錢與物質成功

如果有行星在金牛座，你會具備積聚物質的天賦和精明的理財思維。

占有慾

落入金牛座的行星可能貪得無厭，試圖擁有和占有——這個星座往往不願放開物品、職位或人。

黃道帶**第三個**星座

雙子座

5月22日 - 6月21日

雙子座常在對立、二元的兩端之間擺盪，提供二者間的橋梁。陽性變動風象星座性格外向、善於交際，輕鬆愉快且熱愛玩樂，但容易感到無聊，好奇敏捷的心思需要變化與刺激。

符號	♊
極性	**陽性**
型態	**變動**
元素	**風**
守護星	**水星**
身體部位	**手臂、手和肺部**

太陽在雙子座

你的人生目的是找到另一個「雙胞胎」。每個雙子人都有陰陽兩面，你的任務是辨認出自己內在的兩種性格。溝通、學習與思考是你的核心。

落入雙子座的行星

在雙子座的行星往往容易適應新環境和局勢。在此你需要以輕鬆和多樣化的方式來表達自我。

雙子座在宮頭

在這個生活層面你運用的是邏輯而非情感。在此你保持好奇，或者需要持續的改變和心智方面的刺激。

溝通

雙胞胎的圖騰形象暗示需要對話和社交互動。

建立關係網絡

對雙子人而言,建立關係是重要的,但不因此受限在任何地方。

愛玩而且有魅力

身為雙子人的你喜歡調情,透過機智和幽默而引人注意。

二合一的雙子人常被指控為口是心非或雙面人,發現自己周旋於兩者之間。

社交蝴蝶

如果有行星落入雙子座,你很容易結交朋友,交遊廣闊且多元。

好奇心與學習

雙子人保有他們年輕的好奇心且樂於學習。探索新面孔和新地方是雙子人不可或缺的樂趣。

現在你看穿我了……

偏好多樣化,若要固守某事物(工作、房子、看法……)一段時間,就會是一項挑戰。

陰與陽

雙子人往往知道自己內在的二元性,開朗脫俗的雙子與陰鬱現實的雙子比肩存在。在興致不高時,容易變得沮喪。

需要改變

易變的風元素暗示需要不停移動、多樣化和刺激。對雙子人而言,最糟糕的事莫過於感覺無聊或受制於常規。

負面特質

最壞的情況下,雙子人只求表面工夫,不願涉及更深的情感或結果。這個星座可能會挑撥離間。

黃道帶**第四個**星座

巨蟹座

6月22日 - 7月22日

巨蟹座纖細敏感，卻也精明頑強。如同其動物象徵所暗示，硬殼保護著脆弱的內部。
陰性創始水象星座具備接納的本質，以及按照情緒行事的直覺。

符號	♋
極性	**陰性**
型態	**創始**
元素	**水**
守護星	**月亮**
身體部位	**胸部和胃部**

太陽在巨蟹座

你的人生目的是找到你的部族，成為其中的核心照顧者，你的生活以某種形式的家庭（無論個人的或職業上的）為中心。

落入巨蟹座的行星

在巨蟹座的行星會顯現出自我保護的特質，依據心情和感覺行事。直覺與情緒是主導巨蟹的力量。

巨蟹座在宮頭

你在這個人生領域會創建一座聖殿，遠離外界危險的一個安全處所。你設法保護和捍衛這個屋子裡的事物。

深具母性的巨蟹人渴望提供滋養，但可能發現難以放手。

緊密的連繫
對巨蟹人而言，他們對人、地方和財物投注大量的情感，使分離變成痛苦的事。

家與家庭
巨蟹人喜歡待在熟悉之處的感覺，被宗族、家庭和家給牽絆。

需要安全感
安全感對巨蟹人來說是重要的事。落在該星座的行星會採取低風險的策略。

不屈不撓的韌性
當真正專注於目標時，巨蟹人不會輕言放棄。

在壓力下退縮
巨蟹人依直覺行事，如果感覺到危險，就會縮回他們的殼中。

強烈的直覺
誕生於這個星座的人能夠輕易察覺空間中的氛圍和感覺。

閃避策略
身為創始星座，巨蟹人雖然自信勇敢，但甚少直取目標。

感覺至上
巨蟹人的態度是主觀的，以個人情緒為基礎。

容易受傷
巨蟹人會猛烈出擊或偽裝情緒，但在處於壓力或焦慮的情況下會採取防禦姿態。

負面特質
情緒往往優先於理性判斷。遭遇不熟悉的形勢挑戰時，巨蟹人會極為偏袒自己人，渴望團結一致。

海洋生物
巨蟹座的守護星為月亮，影響潮汐，所以能量強度和情緒狀態也會跟著起起伏伏。

富有愛心
敏感且真正具有同情心的巨蟹人，在療癒和需要愛心的職業中如魚得水。

黃道帶**第五個**星座

獅子座

7月23日 - 8月22日

獅子座熱情開朗，具備領袖魅力，是散發帝王氣場的星座，但也充滿趣味。陽性固定火象星座外向，堅定不移且富有遠見。獅子人擁有尊貴、自信和時尚感，以及慷慨大方和激勵人心的本質。

符號	♌
極性	**陽性**
型態	**固定**
元素	**火**
守護星	**太陽**
身體部位	**心臟和脊椎**

太陽在獅子座
你的人生目標是培養和創造才能，成為受人矚目的焦點或領先群倫。你吸引別人的擁戴，來作為你鼓舞人心、提供支持和力量的回報。

落入獅子座的行星
落入獅子座的行星表現出勇氣、自信和表演能力，散發出明星特質，吸引別人的讚賞。

獅子座在宮頭
這是個能讓你發光發熱和培養創造力的地方。你在此投注個人能量，並且想受人愛戴。

玩樂的意識 獅子座是愛玩耍的星座，此間的行星自動自發，以天真單純的童心應對世界。

大膽和勇敢

獅子人勇敢大膽、自信獨立且鎮定沉著。落在獅子座的行星勇氣十足且生氣勃勃。

表演者

獅子座喜愛聚光燈和表演——這是博取注意力、讚美和尊敬而茁壯的地方。

魅力與活力

落在獅子座的行星擁有權威和顯赫感。獅子人不喜歡親力親為，寧可委託別人。

愛好榮譽 受到信任時，獅子人高尚可敬且誠實。正直對該星座而言是重要的。

創造力

行星落入獅子座的人需要定期沉浸於有創造性的消遣和嗜好，以表現他們的與眾不同。

負面特質

可能展露傲慢和自我中心傾向，或者自尊心容易受傷。可藉創造力來培養自信，扭轉劣勢。

需要被看見

獅子人有想要表現得不同凡響的傾向，需要感覺自己是特別的人。

放眼未來

獅子人態度積極且高瞻遠矚——樂觀、自信、充滿希望。

熱情和慷慨

行星落入獅子座的人慷然提供他們的時間和能量，並發現要激勵別人並不困難。

我、我自己 有太陽作為守護星，獅子人具備獨立自主的意志且致力於獲得成就。自我意識強烈。

黃道帶**第六個**星座

處女座

8月23日 - 9月22日

處女座具有良好的分析、精煉能力，能化腐朽為神奇。該星座為世界帶來秩序和高效率。陰性變動土元素不必大張旗鼓就能順利地達成目標。精巧的手藝技能是處女座與生俱來的天賦。

符號	♍
極性	**陰性**
型態	**變動**
元素	**土**
守護星	**水星**
身體部位	**消化系統**

太陽在處女座

你的人生目的是磨練你所選擇的技藝。作為團隊中有用的一分子，或在世界上扮演有建設性的角色時最讓你感到快樂。太陽處女座喜歡實際有效的溝通方式。

落入處女座的行星

在處女座的行星能以條理分明的方式行事。處女座不愛戲劇化的場面或表演賣弄，注重實效和培養實用技能。

處女座在宮頭

你在此領域中運作得如同性能優良的機械，一切井然有序！你也會在此領域中嘗試建立規則和秩序。

處女形象 處女是處女座的象徵。在古代世界，她是神廟的守貞女子，獻身於神明。我們可將之解釋為敏銳的直覺和提供服務的奉獻精神。

健康與幸福

對處女人而言，身體與心靈息息相關；規律的運動和健康的飲食幫助你有效地維持身心平衡。

做出有用之物

處女座通常被描繪成手持一束麥穗的形象。她照管收成，從粗糠中挑出麥子，運用技巧創造出有用的產品。

秩序感

處女座的任務是依據制度建立工作流程。有行星在該星座的你不喜歡混亂。

完美主義

處女人重視熟練、靈巧和技術，往往要求完美。

餘裕空間 沒有機會處理或卸載壓力時，容易累積疲勞。

資訊管理

處女人具備管理與分類資訊，並加以運用的才能。

關注細節

處女人善於分析和分類。

樂於提供幫助

繼浮華的獅子座之後，處女座要我們腳踏實地。獅子座喜愛派對，處女座則籌辦派對，並在事後負責打掃清理。

負面特質

處女人常迷失在細節中，無法看清大局。在芝麻小事上埋頭苦做，可能會執迷於陳規，有強烈的控制慾。

謙遜不愛出風頭

處女人的自我價值感來自發揮用處和生產力，但容易低估自己的才能。

「我們自虛空中
迴旋而來，
撒落星辰
如塵埃。」

神祕主義詩人魯米
（Jalal ad-Din Rumi）

黃道帶**第七個**星座

天秤座

9月23日 - 10月22日

天秤座的任務是創造與維持對稱和平衡。陽性創始風象星座外向且善於交際，積極營造關係。高明的社交手腕、時髦和優雅是這個星座的迷人特質。

符號	♎
極性	**陽性**
型態	**創始**
元素	**風**
守護星	**金星**
身體部位	**腎臟**

太陽在天秤座

你的人生目標是創造關係和促進文明的生活。透過培養內心的定靜和優雅，來找到內在的平衡。

落入天秤座的行星

在天秤座的行星展現出翩翩風度，營造和諧的氛圍，行事時顧全大局，面面俱到。

天秤座在宮頭

天秤為此生活領域帶來優雅與圓熟的風度。善於與別人分享資源或密切合作。

天平圖騰

不偏不倚的天平反映出天秤座創造平衡均勢的完美和諧。

圓滑的交際手腕

你不喜歡激怒任何人或惹是生非，善用風度和魅力說服他人。

正義與法律

天秤座關乎公正與平等。天秤人往往受到法律工作，或對抗社會不公的運動所吸引。

擺平爭端

天秤人有時被稱作「有禮貌的牡羊人」，他們遵守公平競爭的規則，並對踰越界限的人開戰。

優柔寡斷

天秤人想要面面俱到，運用其客觀理性的天賦。猶豫不決反映出他們一絲不苟、努力追求公平的內心交戰。

對關係的需求

天秤人需要有夥伴的陪同與激勵。寂寞或孤立會令他們大傷元氣。

理想的仲裁者

婚姻諮詢、公關工作或調解紛爭等相關職業最適合天秤的天性。天秤座是創始星座——公平公正、斯文有禮，但具有創造力和蓬勃生氣。

藝術氣息

作為金星守護的星座，天秤座與藝術息息相關，許多天秤人是有天賦的設計師、藝術家、音樂人和時尚評論者。

妥協的藝術

如果能讓整體產生快樂平和的結果，天秤人往往願意做個人的讓步。

美麗與外表

你欣賞生活中的優美事物，對你而言，外在美反映內在的和諧。

負面特質

你最為人詬病的特質也許是缺乏誠意，儘管你是為了讓事情順利平和地進行。

黃道帶**第八個**星座

天蠍座

10月23日 - 11月21日

天蠍座帶領我們走向深處。這是一個既複雜又熱烈的星座，注重轉化的過程。陰性固定的水元素向內流動，使人想起「靜水深流」的景象。天蠍人是控制情緒的大師。

符號	♏
極性	**陰性**
型態	**固定**
元素	**水**
守護星	**火星與冥王星**
身體部位	**生殖器官和排泄系統**

太陽在天蠍座
你的人生目的是培養韌性。天蠍是能夠排除萬難的倖存者，經歷波折後產生的內在堅毅是你的「黃金盾牌」。

落入天蠍座的行星
落入天蠍座的行星會帶著熱情、強韌和堅忍的勇氣行事，能夠浴火重生，變得更純粹、更強大。

天蠍座在宮頭
你在這個人生領域須歷經危機、毀滅和重生的循環過程。在此你涉入深處，不願妥協。

意志力與力量

天蠍座的象徵是蠍子，一種能夠自我退縮以度過最極端情況的生物。

挑戰極限

這個星座同時具備感性與勇氣，以及憑藉機智存活的能力。

內在控制

天蠍人絕不會承認他們的無力感。自我控制是最重要的目標。

隱密孤僻

天蠍人往往是極靜默的類型，不願說出他們真正的感覺。想要刺探，你得自擔風險——天蠍人會傾全力避免暴露情感。

天生神探 天蠍人是暗中活動的神探，擁有強大的第六感。

在深處運作 極暗黑處是天蠍座的領域。他們愛好涉及研究和挖掘的活動：考古學、精神治療或任何探究深處的事物。

占有慾

作為固定水象星座，天蠍座擁有情感上的占有慾。雖然忠誠堅定，但也極為善妒。

外冷內熱

天蠍人情感熱烈，但通常隱藏在看似漠然的外表下。

感情誠實

深刻的直覺是天蠍座的特色。天蠍人具備雷達般的洞察力，能看穿事物的核心。

尾巴上的螫針

寧死也不承認失敗，使天蠍成為可怕的敵人或對手。

重生的能力

火星和冥王星皆為天蠍的守護星，內在意志力和決心讓天蠍人能在最艱難的環境生存下來。

負面特質

一旦受傷，你便難以寬恕或遺忘。背叛會深深傷害你，在此情況下，你的直覺反應是報復。天蠍座可能會試圖支配、控制他人。

黃道帶**第九個**星座

射手座

11月22日 – 12月21日

射手人天性樂觀、高瞻遠矚。這是屬於旅行者和吉普賽人的星座，對他們來說，整個世界都是自己的家。陽性變動火象星座喜好交際而且靜不下來，需要不停移動和一面寬闊的畫布。

符號	♐
極性	**陽性**
型態	**變動**
元素	**火**
守護星	**木星**
身體部位	**臀部和大腿**

太陽在射手座

你的人生目的是探索、發現以及自由地冒險。這是象徵哲學家的星座，太陽落在射手座，你會追尋更深刻的人生意義。

落入射手座的行星

在射手座的行星散發火熱的自信，會做長遠的規畫，需要開闊和自由的空間。任何形式的限制都會造成反效果。

射手座在宮頭

在這個生活領域，你聽見冒險在呼喚，你想要去探索，永遠感覺前方有個更有趣的世界在等待你。

弓箭手 弓箭手的象徵是一枝射向遠方的箭。
對射手人而言，潛能和可能性令他們感到興奮。

半人半馬

射手座也與半人半馬怪有
關，暗喻對野性、大自然
和哲學、沉思的喜愛。

開拓心胸

遠距離旅行、
教育、宗教和
哲學都能吸
引射手人。

美好的戶外

**星盤中射手座占強勢地位的人，
往往愛好運動和戶外生活。**

追尋意義

射手座在這世界漫遊是為了尋求意義，有著思索與回答人
生重大問題的強烈欲望。

誠實坦率

射手座的坦率在旁人看來可能
顯得白目。在溝通時往往無拘
無束。

越大越好

擴張對這個星座而言是
很自然的事。射手人善
於察覺新的機會。

樂觀的看法

身為火象星座，射手座具備先見之明和自信，相信船到
橋頭自然直。

不要關住我

**對於自由和冒險的需求可能導致射手人
厭惡承諾。**

分裂的本質

射手座受活潑的木星守
護，提供射手人樂觀與
活力。但當中也存在黑
暗面，一旦喪失意義便
會帶來深度的沮喪。

負面特質

射手座並非以其細心或精確
而聞名，表現出雜亂無章、
「亂槍打鳥」的態度。

黃道帶**第十個**星座

摩羯座

12月22日 - 1月19日

摩羯座專心致志、努力工作，按策略行事，追求實際的成就和職業上的成功。陰性創始土象星座性格內向，但做起事來有恆心耐力，以靜默的持久力達成明確的目標，然後再迅速投入下一個任務。

符號	♑
極性	**陰性**
型態	**創始**
元素	**土**
守護星	**土星**
身體部位	**膝部、牙齒、骨骼和皮膚**

太陽在摩羯座
你的人生目的是培養自力更生的能力，為自己和別人擔負起責任。這條路也許有時感覺孤單，但你總是盯著目標不放。

落入摩羯座的行星
在摩羯座的行星帶著成熟的尊嚴行事，遵循傳統和社會價值觀。隨著時間慢慢累積才能。

摩羯座在宮頭
你在此展現成熟的態度和尋求別人的尊敬。你做事講求實際，著眼於物質收穫。在這個領域你運用清晰的邏輯，朝著目標努力。

山羊 摩羯座的圖騰動物是山羊，象徵該星座雄心勃勃的登頂，以及默默忍耐的能力。

魚尾羊 這是古代美索不達米亞文明與豐饒之神的象徵。

照章行事

摩羯座是保守的星座。你瞭解規則——還很可能會創造規則。

實際的成就

摩羯座尋求在有形的成就中奠定他們的地位。

擔起責任

摩羯人總是有組織和紀律地行動，且為人可靠。適合提供諮詢服務或管理工作。也重視自己的身分與地位。

努力工作的人

摩羯人善於處理棘手的事務，並樂於認真工作，在此建立自己的價值。

自給自足

你創造自己的路，寧可不依賴他人。摩羯人獨立自主，並善於維持界限。

世故與講求實際

你瞭解銀行存款餘額以及投資不動產的重要性。身為土象星座，你信任真實存在的有形事物。

規畫者

行星落入摩羯座的人總會未雨綢繆。

目的感

若無清楚的目標、架構或實際的成就感，會引發抑鬱。摩羯需要有目標地進行工作。

負面特質

摩羯人有時過度嚴肅，受制於僵固的體制或責任感。你深有謀略，但有時也會殘忍無情和精於盤算。

黃道帶**第十一個**星座

水瓶座

1月20日 - 2月18日

水瓶座高度獨立自主，卻矛盾地也是極擅長社交的星座。陽性固定的風元素外向開朗，喜歡參與群體活動和交換想法。水瓶人往往具備強烈的社會意識，憧憬更理想美好的未來，抱持著想實現人道主義的願景。

符號	♒
極性	**陽性**
型態	**固定**
元素	**風**
守護星	**土星與天王星**
身體部位	**小腿和腳踝**

太陽在水瓶座
你的人生目的是找到你在群體中的位置，同時主張自己獨特的願景。社會平等的理想構成重要的行動基礎。

落入水瓶座的行星
落入水瓶的行星通常會按自己的節奏行事，有時會展現冷淡的疏離感。

水瓶座在宮頭
你會從極為個人的或另類的觀點，來處理這個人生領域，創建自己的想法並藐視傳統。

關心社會

水瓶座代表公平開明的理想社會。其象徵圖騰持水瓶的人，為了全人類的利益，傾倒出知識之水。

社群 你傾向與懷抱共同理想的社群團結在一起，從中獲得養分。

理想主義 水瓶座是革命的星座。你往往是發動改革的先鋒，帶著理想主義的願景。

非傳統典型

在水瓶座的行星喜歡反抗潮流，偏好前衛的表達方式。

群體動能

你往往在實踐自己的創造力與維持群體凝聚力之間左右為難。

超然與清晰

當氣氛變得太情緒化時，水瓶人往往感到窒息。你偏好與志同道合者進行理性的談話。

創意思考 表達的自由是你展現原創性的重要平臺。

理性思維

重理性和超然的天賦往往使你對科學或先進技術感興趣。

負面特質

智識優越感有時會妨礙真正的民主觀點。

破壞規則的人？

土星和天王星皆為水瓶的守護星，意味著你認可規則，但不必然遵守規則。

友誼

對你而言，就連最親密的愛人也必須是個朋友。在關係之中，我們得尊重水瓶人對於空間和自由的需求。

黃道帶**第十二個**星座

雙魚座

2月19日 - 3月20日

身為最後一個星座，雙魚座的任務是追尋擺脫物質限制的自由，並與無形、神奇、神聖的生命之源結合。陰性變動的水元素暗示專注於情感流動的內在世界。

符號	♓
極性	**陰性**
型態	**變動**
元素	**水**
守護星	**木星與海王星**
身體部位	**足部**

太陽在雙魚座
你的人生目的是服務更高層次的法則，踏上可能犧牲個人欲望的旅程。培養藝術想像力是你生活的重要面向。

落入雙魚座的行星
落在雙魚座的行星往往難以凝聚焦點，受微妙的感覺而非務實的考量所影響，並且缺乏界限。

雙魚座在宮頭
雙魚座為此領域提供無窮的想像力。在此你可能受到鼓舞而犧牲奉獻，或者找到遵從直覺的最佳策略。

魔法與著魔
雙魚座透過想像力的通道，被充滿魔力的世界吸引。

夢的重要性
對雙魚人而言，夢、神話、幻想和故事的「虛擬實境」，感覺起來可能比日常生活更真實。

逃避的需求
雙魚座的象徵是兩條綁在一起的魚，其中一條沿著黃道游動，另一條轉頭向上望，暗示要逃離現實世界。

需要避退 敏感和不喜歡壓力意味著雙魚人需要定期閉關休養，為身心的電池重新充電。

拯救世界 雙魚座是拯救者，深具同情心和奉獻精神。

豐富的想像力和藝術天賦 若不運用你的創造才能，你可能覺得自己就像離了水的魚。

浪漫關係
在關係中，你傾向於浪漫和理想主義，需要時時施展戀愛魔法。

難以捉摸 如果涉及有約束力的合約和義務，要投入長期的夥伴關係或計畫，對你而言會是一項挑戰。

慈悲喜捨
你受到慈善或救助工作的吸引，能提供無私的協助。

敏感善於接納
雙魚座對感受和情感不設防，往往會被周遭世界的情緒淹沒。

負面特質
會漂移不定或讓自己被占便宜。幻滅、醒悟，或想被拯救的欲望可能會讓你不思進取。

CHAPTER

3

行星

行星概論

評估星盤的平衡狀態

我們可以視行星為星盤中的演員。就心理角度而言，它們的原型驅力，各自代表一種存在於你內在和周遭世界的宇宙法則。星盤中，行星之間的動態關係，構成你的核心人格。

照耀　|　滋養　|　溝通　|　形成關係　|　章

個人行星

社會行星

太陽
我們生存的
核心

月亮
我們的直覺反應
和情感法則

水星
我們如何思考、
學習與溝通

金星
歡愉和建立關係
的法則

火星
我們如何彰顯自我
和投射能量

木星
擴張、信仰與
樂觀法則

星盤中的行星

在你的星盤中，每顆行星代表你內在的基本驅力，而且可能有一系列潛在的表現，全都源自某個核心概念。例如金星代表宇宙中美、凝聚與合作的力量，由此我們可以知道在占星學上，金星象徵我們與別人形成關係和找出共同點的能力、對浪漫愛情的看法，以及我們的審美觀與藝術潛能。

每個人的星盤都擁有全部的行星，這些行星排列隨出生時間而異，占據不同的黃道星座和宮位，彼此在星盤環圈上形成不同的「相位」。因此，每個人的星盤皆是獨一無二的，當中的行星依照落入的星座表現出不同的特質。

行星協定

占星學依據行星與太陽的距離，將行星分成三大類。

太陽、月亮、水星、金星和火星是「個人行星」，代表最個人的行為驅力和我們性格的核心。

（占星學也指稱太陽和月亮為「行星」。）太陽和月亮也被稱作「發光體」，因為太陽支配白晝，而月亮主宰夜空。這兩個天體在星盤中扮演最重要的角色。

木星和土星是「社會行星」，之所以如此稱呼是因為它們代表我們在自己家庭和社會中的社會化與調適過程──木星的特質為擴張，透過教育、旅行、哲學和宗教信仰，使我們與整個世界連結，而土星的特質為收斂，要求我們適應人類生活中不可避免的常規與守則。

天王星、海王星和冥王星是「集體的」、「超越個人的」或「世代的」行星。這是因為它們有非常緩慢的運行軌道，在每個黃道星座中停留更加長久的時間。它們所占據的黃道星座往往描述該特定時代盛行的集體政治和社會理想，以及關注的事物。

凱龍星是異議分子，不太融入這個系統，主要在土星和天王星之間運行。所以它象徵結合個人、社會、集體和祖先的議題。

連接社會與集體　　　　　　　　　　**集體行星**

土星	凱龍星	天王星	海王星	冥王星
收斂、結構與界限法則	療癒者	啟蒙和帶來突然改變的力量	我們的理想願景以及鼓舞我們奉獻的事物	引發轉化的力量

太陽

身分與人生目的

正如太陽是太陽系的中心，占星學的太陽是星盤的核心，而其他行星展現太陽所代表的自我發展和創造實現的過程。

符號　☉
守護　**獅子座**
一週中的日子　**星期日**
金屬　**金**
顏色　**金、橘、黃**

目的 ｜ 活力 ｜ 創造力 ｜ 生存核心
內在權威 ｜ 閃亮的光 ｜ 自我發展

天空中的太陽

在物質世界中，太陽提供照明與溫暖，以其升降校準時辰日期，並用季節的循環規範年月。太陽是我們的生命與能量之源，也是萬物運轉的中心。

神話中的太陽

太陽神帶來光和活力：巴比倫人的沙瑪什（Shamash）是正義的象徵，而古希臘人的赫利俄斯（Helios）駕駛太陽馬車穿越天空。從古埃及人的拉神（Ra）、凱爾特人的魯格（Lugh），還有印度人的蘇利耶（Surya）身上，我們都能看見太陽賜予生命的精神。

我們周遭世界的太陽

鮮黃和橘黃色的花朵受太陽支配。用於治療抑鬱的聖約翰草在太陽下低垂。太陽象徵君主、總裁、國家元首，也可以代表父親。與太陽相關的場所包括宮殿和劇場。

太陽行經各星座

請仔細思考太陽如何根據它所落入的星座表現自我。

♈ **牡羊座** 你被稱作開拓者，憑藉勇氣開路。勇氣的試驗幫助淬鍊你的戰士精神。

♉ **金牛座** 你的創造天賦存在於你與物質和自然世界的關係中。經久耐用且恆定不變的事物對你而言是重要的。

♊ **雙子座** 你善用語言與溝通技巧表達自我，獲取知識是你的目標。

♋ **巨蟹座** 你的天賦是滋養家庭，或建立起連繫人群的網絡，發揮保護者的照顧才能。

♌ **獅子座** 你勇敢地在這世界上大放異彩，具備擔任領導者的能力。受人賞識對你而言是重要的。

♍ **處女座** 你的生活以培養某種技藝為中心，著重於需要技能的工作和提供實際的服務。

♎ **天秤座** 表達和諧與平衡對你而言是關鍵概念，需透過賞析藝術或人際關係加以培養。

♏ **天蠍座** 你的旅程是潛入深處，忍受與克服嚴苛的處境並完成轉化，因而獲得內在的力量。

♐ **射手座** 對你而言，透過旅行、學習來開拓人生經驗，又或者透過其他文化或信仰體系而成長，是你生命中的核心事物。

♑ **摩羯座** 生命要求你負責地承擔起領導責任。你的人生道路鼓勵你培養自立精神和可受信賴的能力。

♒ **水瓶座** 你的人生任務是支持和維護平等原則，或培養自己在某個兼容並蓄的社群中的特殊身分。

♓ **雙魚座** 你可以培養你的想像才能，以便獲得自信和成就感，或無私地奉獻你的人生來服務他人。

核心目標 ｜ 自豪 ｜ 自信

 ## 星盤中的太陽

太陽的影響依其所在之處以及與其他行星的關係而異。

主要目的 太陽代表我們對自己的核心身分認同，以及人生中會踏上的旅程，以培養本身潛在的創造力。太陽象徵我們內在的指引明燈、不可或缺的活力和誕生目的。

我們真正的路徑 太陽是策劃法則，其他行星都遵循此一法則，以某種方式引領我們達成目標。我們可以將太陽比作榮格的「本我」，在此自我讓步給一個更為完整的自己，一旦我們已然獲得一定程度的自覺，即可朝真正的目標地前進。

自信 在此我們渴望被認可和欣賞，因為這是自信之所在，從中我們可以培養對人生而言至關重要的才能。它代表我們一部分的神聖光芒，透過我們的成就反射到世界中，使我們被定義和被記住。

追尋 除了告知我們的身分，太陽也讓我們知道在發展過程中，我們歷經的變化。太陽關乎某種追尋感，在追尋的終點，我們會瞭解自己。

太陽潛能 星盤中太陽所在之處，我們光芒四射、寬宏大量並能啟發別人，具備在我們所屬領域領導別人的能力，但也可能是我們缺乏自信，傲慢和專制的領域。造成此一差別的原因在於，我們的太陽潛能是否得到我們的成長背景、教養和生活經驗的支持與鼓勵。

月亮

直覺與保護

月亮的象徵圖案是一個漸滿的新月，提醒我們月亮反射太陽的光亮。在星盤中，相較於太陽明確的目標，月亮扮演比較隱匿的角色。

符號　**☽**
守護　**巨蟹座**
一週中的日子　**星期一**
金屬　**銀**
顏色　**白、銀**

身體 ｜ 情緒 ｜ 直覺 ｜ 熟悉感
母性 ｜ 餵養 ｜ 滋養 ｜ 直覺 ｜ 週期循環

天空中的月亮

觀看月亮的週期變化有某種神奇之處。在新月之後的幾天，月亮是纖細的弦月，然後日漸豐盈，一直到變成宛如發光圓盤的滿月，接下來再度虧缺，沒入黑暗之中。

神話中的月亮

月亮週期向來用於描繪少女、母親、老嫗等三重形象，也象徵古代希臘與斯堪地那維亞神話中的命運三女神。月亮在占星學上連結到月經週期、受孕和分娩，以及母親、餵養和滋養。

我們周遭世界的月亮

月亮與海洋和水的關聯：船、港口、河流……月亮的重力牽引產生潮汐，而且月相變化與自然和生物的節奏一致。例如月亮影響人體的內分泌週期。

月亮行經各星座

請仔細思考月亮如何根據它所落入的星座表現自我。

♈ 牡羊座　你不適合等待或受制他人。藉由協助他人培養獨立能力來展現你的關愛。

♉ 金牛座　你傾向緩慢、冷靜地處理事情，重視生活品質以及穩定感。親密的肢體接觸能讓你感到幸福。

♊ 雙子座　言語溝通、學習、閱讀以及資訊交換能滿足你的心靈層次，這些也是你的例行公事。

♋ 巨蟹座　你需要安全感。運用敏銳的直覺滋養、保護自己和他人。心緒容易起伏不定，但強而有力。

♌ 獅子座　你渴望他人主動讚美和關愛自己，能自然地施展與生俱來的創造天賦，也善於激發別人的創造才能。

♍ 處女座　你能給予他人實質的照顧，無論工作多繁瑣卑微，都會默默完成。完善的飲食與運動規畫是你獲得幸福的關鍵。

♎ 天秤座　你能自然地建立與他人的關係，與夥伴相處比獨處更加自在。待在舒適平和的環境能讓你感到幸福。

♏ 天蠍座　你的情緒深藏不露，緊握著過去的傷痛不放，有時具有毀滅性。激烈的身體活動是你釋放壓力的方法。

♐ 射手座　你需要不斷地移動和旅行——無論身體或情感上。最佳的滋養方式是讓你感受到內在的自由。

♑ 摩羯座　你需要結構化的例行公事，且往往能有效率地運用時間和資源。安全感來自你感到自己能掌控全局。

♒ 水瓶座　天生合群的你不畏接觸另類選項，處在社群中讓你感覺最自在。

♓ 雙魚座　雖然你敏於覺察他人感受，卻難以辨析自己的感覺，所以與他人的界限模糊。需要避退和獨處的充電時間。

陰性｜自然｜節奏與儀式｜安全感

 ## 星盤中的月亮

月亮的影響依其所在之處以及與其他行星的關係而異。

主導的影響力　在童年早期，太陽特質和個人意志開始覺醒之前，月亮的影響力往往居於主導地位。

習性　月亮反映我們的直覺反應與內在根植的習性，以及我們培養來保障生存、根深蒂固的行為模式。

直覺　在此你依照感覺和直覺回應外界——太陽象徵英雄自我發現的終生旅程，但月亮象徵我們天生的本性和直覺。因此月亮與太陽驅力之間的平衡，是我們大多數人需要學習的重要事情。

滋養　月亮描述我們與母親之間的關係，或與任何扮演母親角色者的關係。實際上月亮顯示滋養對於我們的意義，而且我們對於此事的複雜感覺，也透露出我們與照顧我們的人所建立的關係。月亮也描述我們如何滋養他人。

自我照料　食物歸月亮掌管，但月亮還顯示我們如何實質或隱喻性地餵養自己，以及觸及什麼會使我們感覺到「被照顧」和滿足。飲食習慣往往是更深層情感的指標。

關係　與伴侶的親密接觸遲早會喚起我們的月亮面。月亮顯示我們對什麼東西感覺「對味」，兩人月亮的和諧與否，往往造就關係的成敗。月亮會連結你與你的部族，將你拉向讓你感覺自在的人和地方。

水星

溝通與學習

水星是我們的個人「信使」，描述我們如何學習與感知，以及如何與別人溝通、對周遭世界的認識與覺察。

符號	☿
守護	**雙子座、處女座**
一週中的日子	**星期三**
金屬	**水銀**
顏色	**灰、多彩**

語言 ｜ 溝通 ｜ 學習 ｜ 想法 ｜ 商業與貿易
兄弟姊妹 ｜ 交換 ｜ 青春 ｜ 教育

天空中的水星

水星距離太陽從不超過二十八度，只會與太陽落入相同的黃道星座或鄰近星座。水星每年逆行三次，似乎消失於太陽的光芒中，因此贏得惡作劇大師和陰間導遊的名聲。

神話中的水星

羅馬神話中行動迅捷的墨丘利（Mercury）是語言、寫作與發明之神。在希臘神話裡相當於宙斯的信使赫密士（Hermes）。身為聰明的機會主義者，赫密士創造出樂器。

我們周遭世界的水星

任何與溝通有關的事物都隸屬於水星，例如書籍和電子通訊。運輸型態也適用——火車、公車或載著我們從事短途旅行的其他交通工具。學校、商店和市場也都是水星管轄的場所。

水星行經各星座

請仔細思考水星如何根據它所落入的星座表現自我。

牡羊座　你擅長清晰的思考和做決定。溝通方式直接坦率，說起話來直截了當。

金牛座　你看似從容不迫，但行為往往經過深思熟慮。偏好有條不紊的學習方式，按照自己的步調進行研究。

雙子座　你總是準備好做出機智的反應。好奇心使你容易擁有多樣化的興趣和五花八門的知識。

巨蟹座　你有一副好記性，憑直覺吸收訊息，對歷史感興趣。

獅子座　獅子座擁有外向自信的說話風格，能用富有魅力的語調吸引聽眾。

處女座　分類整理資料的系統對你充滿吸引力。你有一雙靈巧的雙手，具備出色的實作技巧。

天秤座　你展現機智圓滑的天賦，有能力吸引或說服別人，並確保每個人都有相等的時間發表意見。

天蠍座　你擁有偵探般追根究柢的智力，能深入探究與查明動機。敢說出沒人敢說的事。

射手座　你擁有開放的心胸、多元的觀點，能接納各領域的知識，使你成為相處起來愉快有趣的人。

摩羯座　能務實、有效率地履行任務。偏好有系統的知識、設定目標的學習方式。

水瓶座　這個位置讓你具有科學的天賦和邏輯思考能力。你喜歡理性的討論和坦率誠實的溝通方式。

雙魚座　你富有想像力，善於編織故事，賦予枯燥的資訊迷人的詮釋。你在沒有特殊限制的環境中，能展現出最佳的學習成效。

思 想 ｜ 意 見 ｜ 心 智 ｜ 事 實 記 憶

星盤中的水星

水星的影響依其所在之處以及與其他行星的關係而異。

溝通　水星暗示聲音本身，以及我們如何對外界表達內在的想法。幼年的說話能力和語言能力養成，都可查看水星。

連結　水星彌補兩邊的隔閡，代表我們與別人連結、辨識型態和創造關係網絡的需求與能力。在水星落入的宮位，我們往往會發現自己成為代理人或仲介者。

商業與貿易　水星掌管的是商業和貿易，以及涉及金錢和物品交換的活動。在古代世界此事為商人職掌，象徵地點為十字路口和市場。

教育　初等教育、學習的初步階段以及最適合我們的學習風格都隸屬於水星。因此水星反映出我們的教育需求和童年學習經驗。

青春洋溢　水星具備年輕特質，靈活敏捷、技術高超和心靈手巧。在星盤中水星的所在之處，我們很可能表現出多才多藝、發明創造、愛發問和好奇等特質，甚至孩子氣或淘氣的反應。

不得安寧　水星讓我們擁有某種特殊的幽默感，以及輕快的思考模式；於水星所在之處，我們在身體或心理上往往都靜不下來，需要不斷變動的空間。

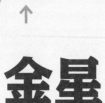

金星

愛與歡愉

在我們的星盤中，金星主掌歡愉與欲望，反映我們的審美價值觀和品味。金星是我們與別人產生關聯的衝動，顯示我們如何示愛別人，以及如何創造共同的連結。

符號	♀
守護	**金牛座、天秤座**
一週中的日子	**星期五**
金屬	**銅**
顏色	**綠**

歡愉 ｜ 享受 ｜ 關係 ｜ 合作 ｜ 性愛 ｜ 性慾 ｜ 美 ｜ 浪漫關係

天空中的金星
從我們所在的位置觀察，金星距離太陽從不超過四十八度。金星比水星更常被看見，但遵守著先出現在太陽的東方，然後移動到太陽的西方的固定型態，所以也稱作暮星或晨星。

神話中的金星
金星自古便與性愛和生育力女神有關。對蘇美人而言，她是伊南娜（Inanna），在巴比倫成為伊絲塔（Ishtar），而對古希臘人來說是阿芙蘿黛蒂（Aphrodite），這些女神都以美麗著稱。

我們周遭世界的金星
金星象徵藝術和音樂、美容相關產業、時尚、珠寶和化妝品、花園以及我們種植的美麗花朵。金星意味著自然世界的豐饒充沛，呼應它所分配到的顏色——綠色。

金星行經各星座

請仔細思考金星如何根據它所落入的星座表現自我。

牡羊座 你愛好追求興奮刺激！不太可能徘徊等待著被邀約，而是會主動出擊。

金牛座 金星金牛沉迷於感官的歡愉——芬芳的香水或美麗的花園。需要與愛人有大量的肢體接觸。

雙子座 溝通是愛的關鍵：言語交流的藝術和愛人的聲音讓你心動。在關係中你需要個人空間。

巨蟹座 金星巨蟹擁有細膩的情緒和感知，並以此創造出強烈的情感連結。你把朋友當成家人般照顧。

獅子座 金星獅子喜愛奢華。為了讓人留下深刻印象而打扮，願意花錢購置精品。對愛人展現真誠忠實的情感。

處女座 對你而言，戀愛女神透過日常問候和照顧等舉動現身。喜愛細緻、剪裁精緻的風格。

天秤座 金星天秤無疑深具魅力，展現令人折服的風度和彬彬有禮的氣質。

天蠍座 對你而言，關係要用熱烈的愛戀維繫，也是轉化自我的媒介。信任是重要的，因為當你陷入愛情時，會難以自拔。

射手座 漫遊的自由對金星射手而言相當重要，你或許需要一個能與你一同旅行的伴侶。

摩羯座 對於外貌、衣飾或藝術作品，你喜歡實際、具機能性的品項，審美觀相當務實。

水瓶座 金星水瓶意味著你重視自我的空間，將愛情視為友誼的延伸。展現非傳統的另類風格。

雙魚座 浪漫情懷讓你願意為愛人犧牲奉獻，你相信相愛就會產生神奇的力量。音樂令你陶醉。

吸引力 ｜ 愛 ｜ 美學 ｜ 藝術和音樂

星盤中的金星

金星的影響依其所在之處以及與其他行星的關係而異。

吸引力 金星是我們對愛和浪漫關係的渴望；我們如何使自己具有吸引力，以及發現別人有何種吸引力。

美 美存在於觀看者眼中，星盤中的金星位置暗示你對美的定義，無論你是被古典希臘雕塑的和諧比例，或立體派繪畫的參差構圖所感動。金星道出吸引我們的對象類型，以及驅動這股吸引力的情色內涵本質；在藝術上則是讓我們感到賞心悅目與合乎我們審美觀的事物。

關係 在此我們渴望與別人建立連結，需要得到回饋和回應，因此我們依靠金星來描述各式各樣一對一的關係，包括友誼在內。

價值與價值觀 金星提供我們渴望的形象，以及為我們帶來快樂的事物，因此是價值感與價值觀的重要依據——我們覺得被打動，願意把錢花在上面的事物類型。

調解者 維納斯以作為調解者而聞名，引發對和諧、對稱與平衡的渴望（但也有懶散的毛病）。星盤中金星所在之處，衝突是不受歡迎的。

復仇心與虛榮 金星（維納斯）忠於她在神話中的戰爭女神角色，當我們所提供的東西被輕視或拒絕時，每個人都可能用妒忌心和復仇心作為回應。虛榮也和金星有關。

火星

獨斷與行動

若沒有火星，我們會缺乏動力來展開行動，失去讓我們施展抱負的能量。火星是能量的來源，和讓你興起強韌鬥志的關鍵。

符號　♂
守護　**牡羊座、天蠍座**
一週中的日子　**星期二**
金屬　**鐵**
顏色　**紅**

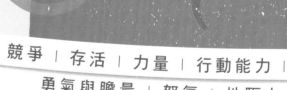

競爭 ｜ 存活 ｜ 力量 ｜ 行動能力 ｜
勇氣與膽量 ｜ 怒氣 ｜ 性驅力

天空中的火星

一旦靠近地球時，火星呈現鮮紅色，使它以通俗的「紅色行星」而聞名。這顏色不意外地來自大量集中的氧化鐵，其遍布於沙塵暴猛烈吹襲的火星表面。

神話中的火星

希臘神話中的阿瑞斯是殺戮嗜血的戰神。然而他在羅馬神話中的對應者馬爾斯（Mars），卻因其戰士精神、勇氣和軍事技術而受到尊崇。他的形象暗示著火星能量能以有紀律的形式發揮。

我們周遭世界的火星

火星是城市與軍事衝突的象徵：戰爭、暴亂、軍隊和警察。它也象徵比較平和的活動：外科醫生、工程師、工具製造者、理髮師、屠夫，連同其工具。

火星行經各星座

請仔細思考火星如何根據它所落入的星座表現自我。

♈ 牡羊座 這是火星最專心致志的位置，暗示強大且能直接引導你的能量。

♉ 金牛座 你不容易被激怒，只有在持續的挑釁後才會發怒。你能夠不斷努力，不放鬆懈怠。

♊ 雙子座 你運用話語作為攻擊或防守的武器。當事情有趣和多樣化時，你感覺最有活力。

♋ 巨蟹座 你將保護所愛之人視為己任，會勇敢地為他們而戰。總是用迂迴戰術取得你想要的東西。

♌ 獅子座 這個位置暗示俠勇的英雄氣概。你對於你的運動本領和領導團隊的能力極為自豪。

♍ 處女座 你擁有工程師或工匠的技能──製作和修理物品。透過體能活動來宣洩怒氣。

♎ 天秤座 你彰顯自我的方式更像是討好對手，而非戰鬥。會被不公義的事激怒。

♏ 天蠍座 你能忍受並挨過最極端的環境。你行事隱密，但蠍子的螯針等著教訓太過分的人。

♐ 射手座 火星在此需要奔馳的空間；你需要不停地冒險。野外活動或長跑會投你所好。

♑ 摩羯座 你的能量傾向於集中在明確的目標，那使你獲得最大的效益和成就感。

♒ 水瓶座 你是頭腦冷靜的火星，在保衛群體或挑戰社會不正義時行動最有效率。

♓ 雙魚座 受到威脅時，你的策略是消失無蹤，直到威脅解除。但你也能挺身而出，為無力保護自己的人奮戰。

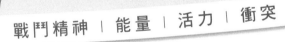

戰鬥精神 ┃ 能量 ┃ 活力 ┃ 衝突

星盤中的火星

火星的影響依其所在之處以及與其他行星的關係而異。

競爭 我們以若干方式產生競爭感：透過激辯、運動；擔任領導者、老師，或者與親密的夥伴爭奪主導權。火星象徵我們的生存直覺，不只是我們的體能力氣，還有刺激我們採取行動的熱度和能量。

戰士 在此有戰士原型和生命不可或缺的戰鬥精神。當我們受到威脅時，火星提供我們保護自己領土的勇氣。

性驅力 火星也描述性驅力，顯示我們原始的身體欲求，以及繁衍後代的普世衝動。

能量 進而言之，火星也指出我們如何透過運動表達和釋放身體能量。有人偏好瑜伽的慢熱，有人喜愛網球比賽的快速動作，或馬拉松的長距離運動。你的火星暗示你的能量是否如雷射般集中或不受控制、持久還是不穩定。

勇氣 火星激發我們以自己特有的方式發揮勇氣和英雄氣概。勇氣展現在許多方面──身體、心理、情緒和智能，你的火星暗示為了成功，你會在哪方面以及如何準備付出更多的努力。火星的支持造就出開拓生命者、征服者、創業家、冒險家和運動員，但我們不該忘記每個人都小規模地在日常生活中展現這些特質。勇氣有許多不同形式，因為火星，我們獲得極大的力量。

「如果我們無法**表達火星，**我們如何能認可與**尊重別人做他們自己**的權利？」

麗茲・格林（Liz Greene）與霍華・薩司波塔斯（Howard Sasportas）
《內行星：從水星、金星、火星看內在真實》
（*The Inner Planets: Building Blocks of Personal Reality*）

木星

成長與機會

太陽系中最大行星——木星的主要特徵是大紅斑，讓人想起宙斯（朱庇特〔Jupiter〕的希臘對應者）雷電帶來的巨型風暴。朱庇特是仁慈的立法者，他的另一個名字Jove衍生出「愉快的」（jovial）一詞。

符號　♃
守護　**射手座、雙魚座**
一週中的日子　**星期四**
金屬　**錫**
顏色　**紫**

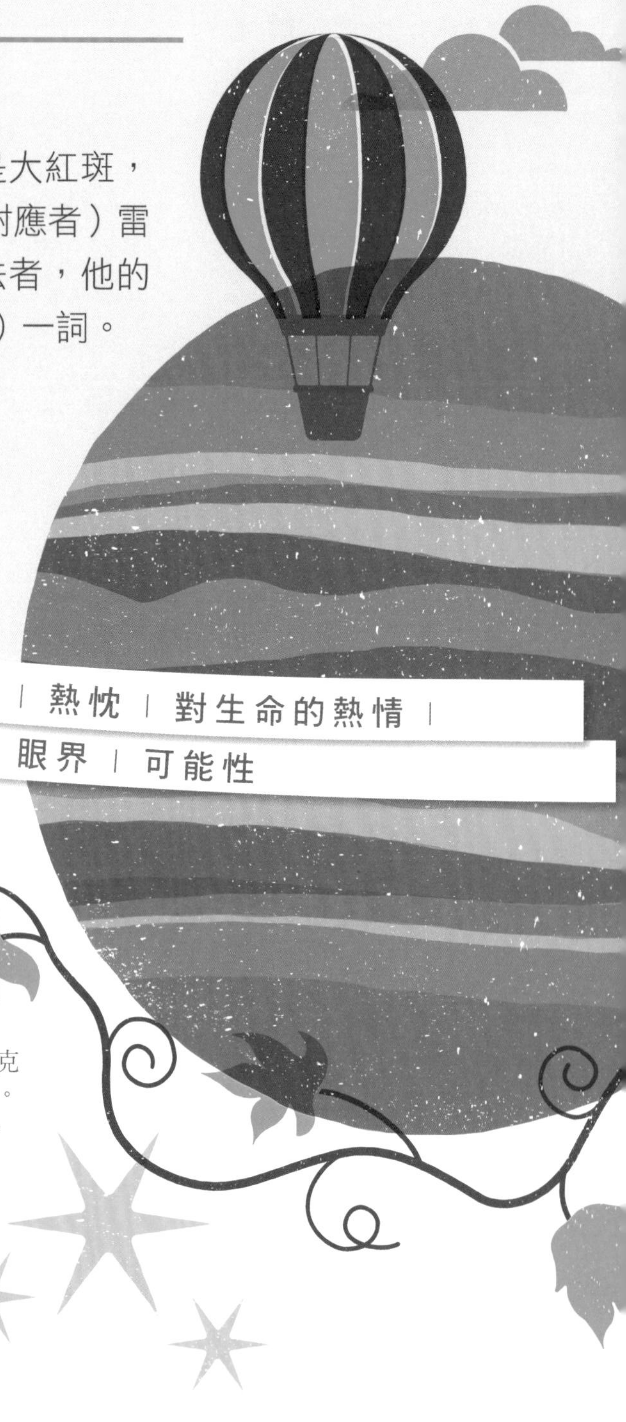

好運 | 賜福 | 熱忱 | 對生命的熱情 |
機會 | 豐沛 | 眼界 | 可能性

天空中的木星

木星繞行黃道帶一圈需時略少於十二年，在每個星座大約停留一年。木星於腹部鼓起，符合富態的恩主形象。

神話中的木星

羅馬的朱庇特等同希臘的宙斯和巴比倫的馬爾杜克（Marduk），主掌各自的萬神殿，既仁慈又專制。從這裡我們確立占星學上，木星是立法者的概念。

我們周遭世界的木星

受到木星庇護的有律師和法律制度、大學、宗教組織、出版社和賭博產業。木星主題包含彩票或熱氣球等。

木星行經各星座

請仔細思考木星如何根據它所落入的星座表現自我。

牡羊座 有木星在牡羊座，你具備以開拓性願景激勵他人的能力。當某個願景消退，另一個會迅速出現。

金牛座 木星金牛的豐饒充沛，指的是能被實質衡量的物品——滿滿的銀行帳戶或富庶的花園。你憑藉著堅定和耐心，創造自己的運氣。

雙子座 你喜歡各式各樣的科目和知識，對一切都滿懷學習熱枕。善於開啟新話題。

巨蟹座 你的快樂來自慷慨地照顧別人，以及在因你而團結的群體中感到安全無虞。你信賴傳統文化。

獅子座 無論身處哪一種場合，你都致力於上演一場豪華盛大的表演，展現熱情慷慨的一面。

處女座 你的好運來自於關注細節，而快樂來自努力工作和磨練你的技藝。你具備從事慈善事業、服務他人的能力。

天秤座 成長來自分享雙向的交流，你或許想與夥伴一起去旅行，或是從事需要社交技巧的職業。

天蠍座 對你而言，學習或旅行絕非膚淺之事。你對於你所相信的事情十分堅定，難以被說服而另作他想。

射手座 木星在此帶來強烈的豐沛感，以及無拘無束的漫遊欲望。你的心胸開闊，無時無刻不在拓展經驗。

摩羯座 這個講求實際的位置也代表謹慎的思考邏輯。你的領導才能深受認同，被賦予承擔責任的能力。

水瓶座 你的願景兼容並蓄。身處在朋友或社群中最讓你感到快樂，使你心胸更加寬大。

雙魚座 你會在現實中「大舉逃避」到遙遠的極樂之地——也許逃到如詩如畫的地方，甚至加入靈修團體。

自信 ｜ 傲慢 ｜ 冒險 ｜ 倫理 ｜ 道德

星盤中的木星

木星的影響依其所在之處以及與其他行星的關係而異。

好運 木星顯示你感覺受到好運加持的地方。對某些人而言，這可能與財務有關，而對其他人而言，則意味著有一群情義相挺的朋友或美滿的婚姻。

熱忱 神話中的朱庇特熱愛生命，在你的星盤中轉化為尋找出路的熱忱和意志。在遭遇難關時，這種一切皆有可能的感覺可以化作安全網。

機會 機會往往會自動出現。由於木星帶來豐沛，這是你對別人展現善舉的所在，相信自己的好運不會用完，讓你產生安全感。

眼界 木星拓展你的眼界，讓你瞥見未來的可能性，並激勵你突破目前的限制。

自信 木星注入大量自信，但也暗示你可能太過自滿，以致弄巧成拙之處。

傲慢 木星是一顆強勢的行星，可能使你相信你的方式是唯一正確的。對木星而言，欲望永無止境，會為了滿足欲望揮霍無度。

冒險 木星是你的發現精神，你尋求知識、智慧和意義的領域。木星促使你出外旅行，這種旅行也可能是虛擬的，泛指智識或哲學方面的旅行。

倫理 在社會層面上，木星將你連結到規範和法律制度。因此，木星暗示你最可能採納倫理原則的生活層面。

土星

權威與成熟

土星以其清晰的環圈和沉著的莊嚴感，令我們印象深刻。土星環象徵包圍和約束。在星盤中土星嚴肅且拘謹，尊重傳統、限制和規則。

符號 　ℏ
守護 　**摩羯座、水瓶座**
一週中的日子 　**星期六**
金屬 　**鉛**
顏色 　**黑、灰、深褐**

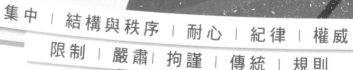

集中 ｜ 結構與秩序 ｜ 耐心 ｜ 紀律 ｜ 權威 ｜ 限制 ｜ 嚴肅 ｜ 拘謹 ｜ 傳統 ｜ 規則

天空中的土星
土星作為距離太陽系中心最遠的可目視行星，在天王星突然出現之前，是古代宇宙的邊界，暗示它在星盤中扮演守門人和權威的角色。

神話中的土星
在天空之神烏拉諾斯（Uranus）殞沒後，他的兒子克洛諾斯（Cronus，對應羅馬神話中的薩圖恩〔Saturn〕）建立了讓百姓和諧相處、農業豐收的黃金時代，暗示土星有益社會的權威角色，鼓勵人們透過辛苦的工作獲得豐碩成果。

我們周遭世界的土星
土星掌管門檻、出入口以及政府機構。作為年代與時間的象徵，土星代表鐘錶、統治者和度量工具。任何寒冷、黑暗、偏僻或孤立的地方都歸土星管轄。

土星行經各星座

請仔細思考土星如何根據它所落入的星座表現自我。

♈ 牡羊座 擁有如運動選手或軍事風格般的紀律，這個土星透過勇氣與力量的試驗，幫助你達成目的。

♉ 金牛座 暗示你擁有極大的耐心，謹慎指引你實現目標。透過保存資源來創造安全感。

♊ 雙子座 土星雙子精通說話之道、學習多種語言，投入需要專業技術知識的領域。

♋ 巨蟹座 這暗示你對於受你照顧的人（或事物），擁有強烈的義務與責任感。

♌ 獅子座 儘管表演的緊張感容易使你失常，但專注於創造性的事務，長期而言能產生令你驕傲的具體成果。

♍ 處女座 細心和精確是土星處女的天賦；在你選擇的領域裡培養高度專業知識，是你要走的道路。

♎ 天秤座 這暗示你具備公平公正的判斷力。你把持住身為律師或婚姻諮商師的平等原則。

♏ 天蠍座 土星會集中和控制天蠍座的熱情，因此你的權威感來自勇敢堅忍地度過危機。

♐ 射手座 你不會輕易信仰任何宗教流派，但同樣能成為此類領域的專家，渴望儘量學習。

♑ 摩羯座 你重視責任和習俗；在此你遵守規範。你可能扮演歷史與傳統守護者的角色。

♒ 水瓶座 你在獨特的領域中建立權威感——或許是精通非傳統科目的知識。你認真看待自己應負的社會責任。

♓ 雙魚座 你難以維持自己的界限，但善於為想像力和詩意的憧憬提供可具體達成的結構。

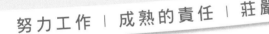

努力工作 ｜ 成熟的責任 ｜ 莊嚴

星盤中的土星

土星的影響依其所在之處以及與其他行星的關係而異。

結構 土星帶來結構、定義和明晰，使我們變得有組織、有條不紊、負責任和堅定。

權威 當我們年輕時，土星以權威人士的樣貌現身：父母親、老師、社群領導人。我們到處看見土星——停車管理員、警察、法官、裁判——在訂定規則和確保規則被執行。

內在權威 漸漸地，土星以不同的樣貌出現，成為內在權威和指導者，是我們內心牢靠的地基。土星代表辛苦得來的熟練技巧和技術、生活經驗和智慧、實用知識與成熟的象徵。

界限 土星迫使我們做出必要的調整，以追求現實世界中實際可達成的事物。為此我們都在整體的人類世界及個人資源的界限與限制內運作。在此我們天馬行空的想像遭到限制，受現實框架的約束。我們必須擁有木星的願景和海王星的夢想，但土星將我們的願景和夢想納入真實生活中。

自制 我們可能會藉由隱居或遁世，來培養莊重、自我克制的精神能量。星盤中土星所在之處，閉門造車可能是有用策略，因為在該領域你往往發現自己必須獨自努力，只能使用自己的資源。

天王星

改變與解放

一七八一年科學家發現天王星後，粉碎了土星為最終界限的古代宇宙形象。在星盤中，天王星代表與眾不同的渴望，並帶來徹底改變的驅力。

符號 ♅
守護 **共同守護水瓶座**
一週中的日子 **未被分配**
金屬 **鈾**
顏色 **電流藍**

激進｜獨立自主｜自由｜叛逆｜原創性

天空中的天王星

天王星的獨特在於它的傾斜角度，其極軸呈水平而非垂直狀，相當符合它造反者的名聲。動作遲緩的天王星在每個星座皆會停留七年的時間。

神話中的天王星

希臘神話中的烏拉諾斯是天空之神，與他的妻子蓋亞（Gaia）孕育出許多後代──閃電火花落入地面以創造新生命。另一個相關人物是反叛者普羅米修斯（Prometheus），他從諸神那裡盜取火種交給人類。

我們周遭世界的天王星

鈾元素是不穩定的放射性金屬，最終衰變成鉛而穩定下來，正好用作比喻一開始的美好新世界藍圖終將成為規範，直到新願景產生。

天王星行經各星座

作為超越個人的行星，天王星落入的星座暗示集體而非個人主題。

*1. 1968年至1998年在北愛爾蘭的長期暴力活動，是持續不斷在愛爾蘭發生的週期性暴力衝突，該衝突在英國和愛爾蘭政府於1998年4月10日簽訂北愛和平協議後中止。

牡羊座 1927/8-1934/5和2010-2018/9 科技蓬勃發展和生產線興起。汽車成為個人交通工具，帶來行動上的自由。

金牛座 1934/5-1941/2 深層的改變。經濟大蕭條造成金融不穩定，而農業技術的改革，讓政府開始實施食物定量配給。

雙子座 1941/2-1948/9 雷達的發明使通訊產生突破性的變化。世界被劃分成幾個陣營。初等教育的革新。

巨蟹座 1948/9-1955/6 家庭生活逐步演變以應對戰爭的影響。重建住家與社區的戰後計畫。

獅子座 1955/6-1961/2 電視徹底改變人們的休閒模式。新的表達形式衝擊「垮掉的」世代藝術家和作家。

處女座 1961/2-1968/9 健康方面的創新──避孕藥造成深刻的社會改變。小小的晶片掀起了革命性的變化。

天秤座 1968/9-1974/5 人際關係歷經劇烈改變；性別平等成為議題。英國開始立法處理社會平等問題。

天蠍座 1974/5-1981 龐克運動捕捉住時代精神。北愛爾蘭的「麻煩[1]」讓雙方陣營死守底線。

射手座 1981-1988 頻繁的空中旅行帶來探索世界的新自由。網際網路出現。科技使全世界連結。

摩羯座 1988-1995/6 經濟衰退使職業結構和制度發生改變。柏林圍牆倒塌（1989）。

水瓶座 1995/6-2003 電腦與通訊技術的快速革新徹底改變社會：個人電腦和行動電話開始普及。

雙魚座 2003-2010/11 科技引發藝術形式的革命性變化：數位攝影、電腦圖像界面流行。人們對靈性事物重燃興趣。

革命 ∣ 洞察力 ∣ 創新 ∣ 智識
理性 ∣ 發明 ∣ 非常規

星盤中的天王星

天王星的影響依其所在之處以及與其他行星的關係而異。

造反者 星盤中天王星所在之處，是我們傾向於扮演造反者的地方，在此我們建立獨立自主的風格，有別於其他人，顯得超凡出眾。

智識 是天王星的贈禮，在此我們思維清晰，具備冷靜的邏輯和合乎科學的理性。我們的天王星想法往往超越時代，終將迸發明亮的直覺火花。

破壞規則的人 在星盤中天王星所在之處使你不太可能遵守規範。在此我們會打破障礙和邊界，將新觀點注入傳統，勇敢地破除慣例，帶來社會、政治或個人的改變。

非常規 在天王星所觸及的生活層面，我們往往會產生自己是局外人的感覺，因而決定踏上主流之外的非常規路徑。

創新 當天王星在星盤中顯得突出時，它代表創新的潛能、原創性、堅強的意志和自由精神。暗示突如其來的創造力，甚至是洞察力。天王星會引發不安，也會帶來改變。

改變 在星盤中，你依靠天王星來應對分離或劇烈的改變，以及不安穩、不一致或突如其來的環境變動。天王星會帶來興奮激動、緊張刺激的情境，同時也會產生不確定感。

海王星

想像力與超越

海王星的外觀是一顆飄逸得令人留戀的藍綠色行星。在星盤中，海王星代表渴望超脫物質世界，進入沒有極限的想像之中。

符號   Ψ
守護   **共同守護雙魚座**
一週中的日子   **未被分配**
金屬   **鐿**
顏色   **海綠**

理想主義 ｜ 浪漫情調 ｜ 犧牲 ｜ 混亂與瓦解
夢與幻想 ｜ 想像力 ｜ 唯心主義

天空中的海王星
一七九五年海王星首度被觀察到時，天文學家並不確定它是什麼，直到一八四六年，海王星才正式出道。其軌道週期將近一百六十五年，意味著大約每隔十四年才會通過一個星座。

神話中的海王星
羅馬海神涅普頓（Neptune）相當於希臘的波賽頓（Poseidon）。祂是無形的暴風與混亂之神，在希臘神話裡，波賽頓統治著象徵集體無意識的神祕深海。

我們周遭世界的海王星
海王星象徵音樂、詩、藝術、電影產業、攝影和時尚。神祕主義者、先知和神職人員皆名列海王星的轄區，連同醫院、監獄、修道院，以及其他避退休養和集體監禁的場所。

海王星行經各星座

作為超越個人的行星，海王星所在的星座暗示集體而非個人主題。

牡羊座 1861/2-1874/5 藝術改革以及現代藝術的誕生。新的宗教哲學觀顛覆昔日規章。

金牛座 1874/5-1888/9 金融投機導致金融動盪。印象派繪畫專注於描繪自然世界的光與色。

雙子座 1888/9-1901/2 動畫片成為說故事的新形式。藝術界出現後印象派。

巨蟹座 1901/2-1914/6 新藝術（Art Nouveau）從大自然中的弧形獲得靈感。古老的歐洲和亞洲帝國及其領土崩解。

獅子座 1914/16-1928/9 「咆哮的二〇年代[1]」展現魅力，電影萌芽。一九二九年華爾街股災之前是短暫的放縱時期。

處女座 1928/9-1942/3 發生股市崩盤和經濟大蕭條，失業、失序並失去常規。時尚轉趨保守。

天秤座 1942/3-1955/7 二次世界大戰後人類渴望和平。英國國民保健署和美國的公平政策，揭示人們對平等社會的嚮往。

天蠍座 1955/6-1970 一九六〇年代的音樂革命。透過音樂、毒品和性解放，尋找轉化的經驗。

射手座 1970-1984 西方世界對於靈性事物和東方宗教越來越感興趣。搖頭丸和迷幻舞曲問世。

摩羯座 1984-1998 柏林圍牆倒塌及蘇聯共產主義終結。放鬆市場管制和金融控制。

水瓶座 1998-2011/2 全球化和「地球村」概念出現——與科技有關的人道主義社會理想。

雙魚座 2011/2-2025/6 擺脫相信硬科學能解答一切的思維。關注海洋：塑膠造成的汙染。

*1. 這是一個持續經濟繁榮的時期，社會上藝術和文化活力迸發，因此有人稱這是「歷史上最為多彩的年代」。

超越的欲望 ｜ 渴望幸福 ｜ 逃避

星盤中的海王星

海王星的影響依其所在之處以及與其他行星的關係而異。

精神上的逃避 海王星象徵渴望從生活限制中得到解放，展現出靈性的那一部分。就宗教角度而言，我們可視之為搜尋上帝，或重新連結到生命之源。有靈動傾向的人可以透過領聖餐或冥想等達到此層面。

世俗的幸福 在世俗層次上，音樂能提供類似的出神或致幻經驗，也有人透過酒精和其他形式的用藥發現心靈世界。

混亂與困惑 海王星消融界限，帶來混亂與困惑。我們可能因此落入幻覺和表面的浮華，相信傳聞而忘記檢驗本質。但如果沒有海王星浪漫的眼光，有些事物會消失。在此我們進入想像力的平行世界以豐富生活，這是我們極為寶貴的資源。

犧牲 有了海王星，我們願意以慈悲為懷的服務精神奉獻自我。但虔誠有時會引發真正自私的行為，或是某種形式的殉教。

幻滅 我們有時感覺搆不到摸不著渴望的事物，因而刻意強化渴望，反而帶來悲傷、失望和失落感，這種情況與海王星相符。當現實不如夢想美好，我們可能感到幻滅。這時不妨記得，人會令我們失望，但神絕對不會：夢想在我們心中依舊完整，儘管周遭世界存在著種種不一致。

冥王星

力量與轉化

二〇〇六年，冥王星被降級為「矮行星」，但依舊是占星學中的「行星」，它是深層過程的象徵，無法分配給其他任何天體。冥王星會帶來深度、強度與轉化。

符號　♇
守護　**共同守護天蠍座**
一週中的日子　**未被分配**
金屬　**鈽**
顏色　**褐紫紅、深紅**

生死循環 ｜ 禁忌 ｜ 危機 ｜ 存活 ｜ 轉化 ｜
祕密 ｜ 力量 ｜ 深刻的改變 ｜

天空中的冥王星

冥王星花費二百四十八年在黃道帶上運行，在每個星座平均停留二十一年。冥王星的橢圓形軌道使它在部分旅程中會進入海王星軌道，因此有時在某個星座停留二十七年，而在其他星座只停留十二年。

神話中的冥王星

普魯托（Pluto）一詞源自希臘語的 plouton，意指「財富」。在希臘神話中祂是陰間之神黑帝斯（Hades）或帝斯（Dis），掌管亡者世界和深埋地底的寶石。

我們周遭世界的冥王星

冥王星暗示隱藏的力量或財富：富豪、考古學家、心理治療師、礦工和地下犯罪，以及間諜、偵探和特勤單位。

冥王星行經各星座

作為超越個人行星，冥王星所在的星座暗示集體而非個人主題。

♈ **牡羊座** 1822/3-1851/3 冥王星上一次來到這裡是維多利亞時代，反映出掃除過往事物的新開始。

♉ **金牛座** 1851/3-1882/4 美國內戰和普法戰爭，衝擊美國與歐洲的經濟版圖。

♊ **雙子座** 1882/4-1913/4 資訊交流隨著電話和報紙的普及而改變。發明汽車。

♋ **巨蟹座** 1913/4-1937/8 第一次世界大戰對家族及家園帶來威脅。家庭生活與婦女在社會中的角色發生深刻改變。

♌ **獅子座** 1937/9-1956/8 獨裁者和強勢的領導人崛起：希特勒、史達林和墨索里尼。「個人崇拜」。「我」世代、嬰兒潮。

♍ **處女座** 1956/8-1971/2 避孕藥丸帶來性自由（天王星─冥王星在處女座合相）。展開環保運動。

♎ **天秤座** 1971/2-1983/4 政治勢力平衡和冷戰談判：限制戰略武器談判與解除核武。均勢發生變化。

♏ **天蠍座** 1983/4-1995 性與禁忌：愛滋病議題。力量落入被隱藏和被剝奪者的手中：南非廢除種族隔離政策。

♐ **射手座** 1995-2008 宗教寬容度提升。宗教機構的腐化問題曝光。浪費揮霍金錢。

♑ **摩羯座** 2008-2023/4 銀行業危機：經濟崩潰和全球經濟衰退。審慎處理財務及適應經濟成為主題。

♒ **水瓶座** 1777/8-1797/8 一七八一年發現天王星，象徵進入實驗與發明的新時代。冥王星將於二〇二四年進入水瓶座。

♓ **雙魚座** 1797/8-1822/3 藝術的浪漫主義時期。冥王星將於二〇四四年進入雙魚座，或許會重新引發人們對於靈性事物和宗教的興趣。

控制 ｜ 變形 ｜ 淨化與更新

星盤中的冥王星

冥王星的影響依其所在之處以及與其他行星的關係而異。

生與死 冥王星落在星盤中的哪個宮位，我們就會在此領域受到吸引，並投入其中。冥王星讓我們體驗到隱喻性的死亡與重生，從事研究是一種可能性，考古學是另一種──或者你確實親身涉入歸屬於冥王星的生死事務中，並在生命之中反覆經歷多次。

變形 「陰間旅程」為其核心，其間所有的一切都將被剝除到露出本質，以變形的姿態重現。我們可以將冥王星的進程比擬成毛毛蟲蛻變成蝴蝶。當中存在著必然性，以及對命運的臣服。

極度強烈 冥王星將物質壓縮成集中的形式，一如這個沉重且黑暗的天體本身。在此層面，你會明確感受到冥王星運作。我們可以詩意地想像它是強烈的熱情、使我們徹底屈服的衝動，也可以了無趣味地聯想到資源回收或廢棄物處理。無論如何，冥王星終將以新的形式復活。

祕密 象徵人性的陰暗面，或出於羞愧，或因為觸犯社會某種禁忌，冥王星代表我們想要隱藏的事物。它所在之處往往藏有大量祕密，因為隱瞞而變得更具影響力。

力量 冥王星是我們潛藏的力量所在，然而它有時也是我們感覺缺乏自信、不被看見或遭受迫害的地方。不過在隧道的盡頭是重生的光明。

凱龍星

療癒與同情

凱龍星被定義成小行星或彗星，雖然這似乎
違反了分類的意義。在星盤中，凱龍星代表
我們渴求痊癒並臻於完整的欲望，也指出了
我們感到受傷的生活層面。

符號 ⚷
守護 **無**
一週中的日子 **未被分配**
金屬 **無**
顏色 **無**

受傷的治療者｜異議分子｜局外人｜代罪羔羊｜同情
疏離｜錯置｜另類選項

天空中的凱龍星

凱龍星於一九七七年被發現，體積遠小於占星
學上的其他任何行星，但因為關乎時代的象徵
而受到重視。最早發現並測定凱龍星軌道的天
文學家，將之描述為「異議分子」。

神話中的凱龍

凱龍的父母親克羅諾斯和林澤女神菲呂拉
（Philyra）雙雙拋棄祂，結果祂被音樂、預言、
詩與治療之神阿波羅收養，轉而成為有智慧的
預言家、治療者、教師和音樂家，以及許多人
的導師。

我們周遭世界的凱龍星

凱龍星是相當晚近的發現，與物質世界關聯甚
少。但它反映了當代健康、另類靈性事物和生態。

凱龍星行經各星座

請仔細思考凱龍星如何根據它所落入的星座表現自我。

牡羊座 獨斷獨行對你會是一項挑戰——你早年曾受到阻撓，無法走自己的路。療癒的力量出自於找到你的獨立性。

金牛座 你早年曾體驗到物質安全感的匱乏，所以格外需要培養自己可以憑靠的物質基礎。

雙子座 你曾遭遇語言發展或教育中斷的挑戰，但你擁有語言和溝通的天賦。

巨蟹座 你覺得沒有歸屬感；也許你曾經被收養或與家人分離。

獅子座 你不被允許發光發熱、開心地玩耍或表演。喚醒你的創造力，也能激勵別人找到創作的勇氣。

處女座 你尋求達到完美的境界，卻覺得結果不如預期。對你而言，疾病是身心失調的提醒。

天秤座 早年受到不公平待遇的經驗，導致你成為鼓吹者，替因正義不彰而受苦的人發聲。

天蠍座 力量被剝奪是你童年面對的主要課題。你能夠找到有創意的方式來處理深層的無力感。

射手座 你也許曾喪失進一步接受教育或旅行的機會。或者失去信仰，導致你不停找尋自己的信念。

摩羯座 你從小就背負重責。無法融入體制的感覺，讓你想樹立自己的權威形象。

水瓶座 你無法適應早年的生活環境，於是獻身於社會平等的理想並接納多元性。

雙魚座 暗示失去、疾病或犧牲的早年經驗。你會培養出健全的心靈觀，並幫助別人做相同的事。

導師 | 教師 | 脆弱 | 療癒

星盤中的凱龍星

凱龍星的影響依其所在之處以及與其他行星的關係而異。

受傷 凱龍星會指出生活某一個層面中，非因你個人過失而遭受的傷害。凱龍星有時會反映出家族代代相傳的祖先議題。我們可能長期背負著個人責任、吸收非因自身過失且沒有能力改變事實的罪惡感，而且得花費許多年時間才能明白此事。

替代方案 在此我們會發現自己有能力選擇另一條道路。縱使我們始終覺得自己沒有成就，或無法融入任何事務，因而感到脆弱，但我們會在痛苦的意識中有所領悟。

局外人 在此我們覺得像局外人、被放逐者和替罪羔羊：移民、外國人、感覺與眾不同的人。

療癒 透過達觀和自我接納，我們終將原諒自己和他人，痛苦的疏離感或錯置感將獲得療癒。最終，凱龍星是我們憑一己之力蛻變為「治療者」的關鍵，我們得以運用受傷後領悟的道理指導並幫助其他人和整個世界。我們將自己受到傷害的本質，轉化為治療的工具，因為在這個進程中，我們已經培養出經驗與智慧。

獨特性 星盤中凱龍星所在之處，會讓你發現自己獨特的前進方式，並開闢出特有的路徑。在此你與他人的差異性和另類觀點，將成為有價值的療癒工具。

CHAPTER

4

宮位

宮位概論

十二宮位

星盤中共有十二個宮位，每個宮位都代表某個領域，例如你的家庭或職業。行星會落入宮位之中，有時還會出現多顆行星落入同一個宮位的情況，透露出你最重視哪些生活層面。以下將說明如何尋找並解讀星盤中的宮位。

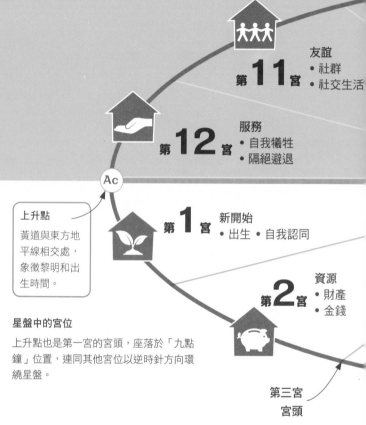

友誼
第**11**宮
- 社群
- 社交生活

服務
第**12**宮
- 自我犧牲
- 隔絕避退

上升點
黃道與東方地平線相交處，象徵黎明和出生時間。

新開始
第**1**宮
- 出生 • 自我認同

資源
第**2**宮
- 財產
- 金錢

第三宮
宮頭

星盤中的宮位
上升點也是第一宮的宮頭，座落於「九點鐘」位置，連同其他宮位以逆時針方向環繞星盤。

> **宮位**就像**領域**，是**心理層面**，也是**日常經驗**發生的場域。

運作方式

上升點、下降點、天頂和天底構成星盤的四個「軸點」。這些軸點以天空作為背景移動，隨著地球每日的自轉變換。行星在一天之內移動的幅度有限，但軸點與宮頭的移動之快，就像時鐘的指針，為你的星盤創造出獨一無二的圖像。除了月亮之外，同一天出生的兩個人，其行星會大致占據相同的黃道位置。然而，除非他們在完全相同的時刻（且在相同地點）出生，否則宮位呈現的位置也會截然不同。

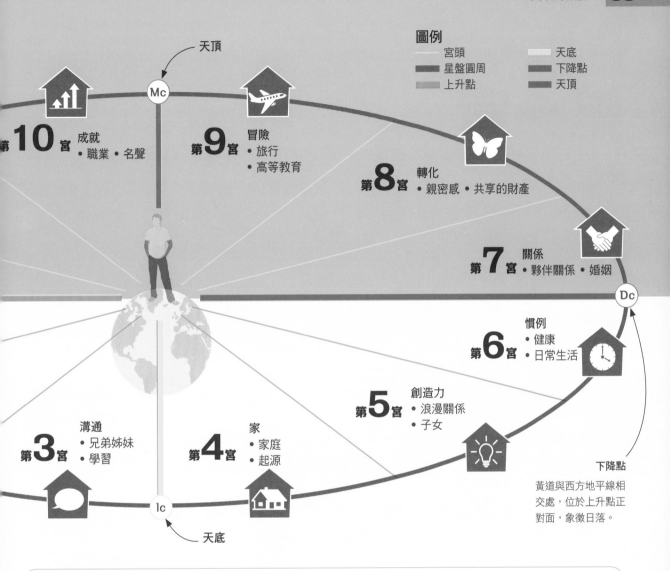

圖例

────	宮頭		天底
────	星盤圓周		下降點
────	上升點		天頂

第10宮 成就
• 職業 • 名聲

第9宮 冒險
• 旅行
• 高等教育

第8宮 轉化
• 親密感 • 共享的財產

第7宮 關係
• 夥伴關係 • 婚姻

第6宮 慣例
• 健康
• 日常生活

第5宮 創造力
• 浪漫關係
• 子女

第3宮 溝通
• 兄弟姊妹
• 學習

第4宮 家
• 家庭
• 起源

天底

下降點
黃道與西方地平線相
交處，位於上升點正
對面，象徵日落。

解讀宮位

我們能以兩種方式解讀宮位中的行星：從宮位的觀點，以及從行星的觀點。

從宮位的觀點來看，你會透過占據該宮位行星的鏡片，體驗這個生活層面。舉例來說，如果水星落入第一宮，培養溝通技巧（水星）是你成功與自我認同（第一宮）的關鍵。

另一方面，從行星的觀點來看，行星所在的宮位顯示出需要關注的生活層面，以便發展該行星的特性。舉例來說，如果火星落入第二宮，處理金錢財務（第二宮）是培養競爭優勢（火星）的重要試煉場。

空宮

含有最多行星的宮位固然是你最重視的生活層面，不過大多數星盤都會有幾個空宮。這並不表示這些生活層面沒有意義或毫無用處，舉例來說，空置的第二宮不代表空空的銀行帳戶！只不過暗示你的注意力會自然地集中於別處。

第一宮

自我與人格

第一宮開宗明義,代表早期的生活環境,以及你如何融入這個世界。你在第一宮的行星、行星所在的星座以及第一宮宮頭的星座,都會替你創造一切新開始,並為你觀看這世界的方式定調。

第一印象

第一宮象徵出生和新開始,反映出事物帶給我們的感覺,以及最早的遭遇所帶來的影響。從小我們便依此觀點學習適應,並透過這個鏡片來看世界。

門面外觀

第一宮可比作商店的展示櫥窗。在此我們藉由裝扮外觀、渴望的汽車或者各種自己喜歡的物品,有意識或無意識地為自己創造形象。

身分認同

第一宮的行星往往顯得重要突出,且被我們強烈認同。如果你在第一宮有行星,很可能會強烈地意識到它對自身性格的影響。沒有錯,你會對第一宮的行星相當有自覺。

有形肉體

傳統占星學的第一宮等同於身體和生命活力。第一宮的行星和宮頭星座很能說明你的身體狀況,以及可以提供你生命能量的事物。

落入第一宮的**行星**

看看有哪些行星落入你的第一宮，這透露出行星如何影響你的能量和聚焦點。行星滿聚的宮位指出這是你認為極為重要的生活層面。

☉ 太陽　你具備強烈的自我身分認同，並以你的生活作為自我發展的核心。父親對你有極大的影響力。

☽ 月亮　你內在的感覺容易形諸於外，並感性地看待世界。母親對你有極大的影響力。

☿ 水星　你總能運用直覺開啟談話或創造人際連結。你生性好奇、渴望學習。某個兄弟姊妹是你早期的模範。

♀ 金星　美麗的外型對你而言是重要的，你總是設法維持賞心悅目的外表。你認為自己在這世界上扮演調解者或斡旋者的角色。

♂ 火星　你總是勇於挺身而出，持續不懈地奮戰，主動地展現力量與意志。

♃ 木星　你生性樂觀，具有哲學家氣質，在任何領域都能挖掘出成長的機會。人們對你的自信給予正面評價。

♄ 土星　你喜歡為新的計畫做足準備。你也許在人生早期便擔負起責任，並持續給予周遭的人建議。

♅ 天王星　你在別人眼中顯得與眾不同，也許感覺與大家不合拍。你可以扮演局外人，將客觀的新洞見引入過時的局勢中。

♆ 海王星　海王星為你外顯的氣質與性格帶來迷人的加分效果。賦予你航行世界的第六感。

♇ 冥王星　重視隱私的你難以敞開自己。你對新計畫有著掌控慾，人生中會歷經幾個截然不同的「篇章」。

⚷ 凱龍星　受傷的治療者是你的指引精靈。孤獨寂寞使你步上「人跡罕至的道路」，你可能會成為導師、療癒者或教師。

 黃道**星座**與第一宮

思索星盤中第一宮行星所在的星座，以及第一宮宮頭所在的星座，可以進一步瞭解你自己。

♈ 牡羊座　你擅長激勵自我，急於展開行動——終生都想要掌握主動權這點反映出熱情的天性。

♉ 金牛座　你慢吞吞地出發，但在路上持之以恆。你需要調整好自己的速度，凡事避免倉促行動。

♊ 雙子座　你有與他人對話和交流的需求。也許你是個善變的人，某位兄弟姊妹對你的成長有強烈的影響。

♋ 巨蟹座　你的第一直覺是保護自己和他人，或者建立個人領地。請信任你的直覺，並採取相應的行動。

♌ 獅子座　你具備大膽行動和堅持立場的能力。可能在早年受到鼓勵，此生會盡情玩樂並發揮創造力。

♍ 處女座　你具備創造秩序的天賦，這是你處理新任務或進入新領域的特有方式。你特別關注身體健康與營養。

♎ 天秤座　你舉止優雅，穿著打扮頗有時尚感。你善於調解和尋求平衡，創造平和和諧的氛圍。

♏ 天蠍座　你有強烈的自衛本能，具危機意識和保護領土的需求。在生活中以戰士的姿態現身。

♐ 射手座　你將發現自己的每個新階段或計畫，皆始於宏大的願景或對旅行的渴望。轉換環境能帶來重新開始的感覺。

♑ 摩羯座　你在別人眼中顯得成熟可靠。在展開任務之前，你的直覺是事先規畫，並遵循經過驗證的方法。

♒ 水瓶座　無論內心狀態如何，你通常能維持冷靜的表相。你能進行理性的分析，清楚瞭解情勢。

♓ 雙魚座　縱然實際執行不是你的強項，但你能運用想像力，摸索著進入新的開始，並避免讓自己受限於早已設定好的道路。

第二宮

財產、金錢與財務

第二宮是個人收入和金錢資源的宮位，反映我們對物質的安全感，例如我們想要擁有的東西（動產）。價格、成本和價值的概念皆歸屬於這個宮位。

金錢與收入

第二宮意味著金錢與收入，也就是我們所能控制的資源，這會反映出我們對金錢的態度，以及金錢引發出我們什麼感覺。第二宮指出我們如何賺錢和花錢。

無形財富

第二宮的「財富」象徵有形與無形的財富。我們在此累積實質和隱喻性的資源。如果我們的世俗財物消失了，留下來的或許是更為根本重要的資源。

價格與價值

我們往往用金錢作為描述價格或價值的簡略方式。因此第二宮比較深層的意義是價值觀——我們對所珍視的事物以及對自己的最終評價。

物質財產

第二宮賦予我們「我的東西」之感，也就是你所擁有以及想擁有的事物。傳統上這是「動產」的宮位，亦即物品、財產和我們所累積的一切有形資產。

落入第二宮的**行星**

看看有哪些行星落入你的第二宮，這透露出行星如何影響你的能量和聚焦點。行星滿聚的宮位指出這是你認為極為重要的生活層面。

☉ **太陽** 如何與物質世界連結或靠自己賺取收入，對你來說是成功的指標，能反映你的創造力。

☽ **月亮** 你的安全感與擁有的物質息息相關，財產被賦予重要的情感意義。你喜歡儲蓄金錢。

☿ **水星** 溝通技巧是你的重要資源，也是收入的基礎。書籍、語言或以交流為重心的事物都是你所珍視的財產。

♀ **金星** 你重視感官享受，也渴望肉體接觸，或被美麗的事物包圍所帶來的物質歡愉。

♂ **火星** 你擁有改善物質條件的強大驅力。依靠自身資源拓展生存領域對你來說至關重要。

♃ **木星** 你樂觀且自信地看待金錢，意味著錢財會自湧而至。無論手頭寬鬆或緊繃，你都能輕鬆以待。

♄ **土星** 你運用金錢的方式謹慎且精明，靠著辛勤工作獲得錢財，不指望不勞而獲。你重視實用的物品和自給自足。

♅ **天王星** 你可能會因為冒險而突然失去財務上的好運。你的收入來自獨立自主的自由業。

♆ **海王星** 你的價值觀受慈善信條的影響，勝過物質考量。想像力或藝術天賦是你的收入和自我價值之源。

♇ **冥王星** 如同冥王象徵死亡與重生，你的物質資源可能會產生變化，考驗你的生存技能和內在原本具有的創造力。

⚷ **凱龍星** 由於自身經驗，你對於貧窮或匱乏較為敏感。你的工作可能涉及為他人提供協助。

 黃道星座與第二宮

思索星盤中第二宮行星所在的星座，以及第二宮宮頭所在的星座，可以進一步瞭解你自己。

♈ **牡羊座** 在牡羊座的行星會主動發起維持安全感的行動。宮頭牡羊座賦予你對個人財務獨立的需求和自我激勵的態度。

♉ **金牛座** 金牛座與緩慢的積聚過程和物質享樂相關，樂居於第二宮。你需要時常跟隨自然世界的節奏。

♊ **雙子座** 雙子座帶來歡快的氛圍，因此你不需過於嚴肅地看待物質生活層面。你可能有多重財源。

♋ **巨蟹座** 你覺得有必要守護財產，並且對收入的增減相當敏感。但你個人對理財也相當有一套。

♌ **獅子座** 物質資產帶給你尊嚴和自我價值感。你想要擁有或蒐集名牌，欣賞高質感的事物。

♍ **處女座** 節儉是你的美德，你擅長省小錢成大富，會用試算表控制一切開銷。

♎ **天秤座** 天秤座渴望和諧、藝術性和好品味，你將這種態度運用於財產和有形資產中。適合「各付各的」結帳方式。

♏ **天蠍座** 天蠍座在此帶來繁榮與蕭條的週期，一次次的危機使你累積出強大的韌性並變得更加精明。你很重視財務上的隱私。

♐ **射手座** 你喜歡揮霍勝過錙銖必較——省吃儉用不合你意。你需要不受約束地花錢或捐獻。

♑ **摩羯座** 你的收入來自辛勤工作，並以常識與縝密規畫累積財富。重視維持物質世界的秩序。

♒ **水瓶座** 你相信平均分享、經濟平等，以及確保人人都能分得一份利益。你重視才智勝過財產。

♓ **雙魚座** 你對於財務抱持不食人間煙火的態度，不太清楚自己銀行裡有多少存款。有時會為因為過度慷慨而犧牲自己的利益。

第三宮

溝通

我們在第三宮培養出語言和溝通技巧。初階的學習經驗,與兄弟姊妹、堂表兄弟姊妹以及學校同儕朋友的關係都隸屬於本宮位。在第三宮的行星暗示你如何發展想法以及溝通的風格。

溝通與語言

　　第三宮是心智的領域,指出我們如何發展語言和溝通風格。在此宮的行星顯示你的心理覺知,以及如何表達想法。

兄弟姊妹

　　我們透過手足關係來探索世界和運用溝通技巧。我們在兄弟姊妹中所處的地位,以及這些早期的同儕位階,將大大影響往後人生的行為模式。

短程旅行與當地環境

　　顯示我們如何與周遭地區互動、建立關係網或透過我們喜歡的交通形式四處旅行。相對於第九宮代表的遠方,第三宮是鄰近我們周身的局部世界。

基本學習

　　第三宮描述初等教育以及我們獲得知識的方式。學校促使我們進入更複雜的同儕環境,而你在第三宮的行星會顯示此事所引發的感覺。

落入第三宮的**行星**

看看有哪些行星落入你的第三宮，這透露出行星如何影響你的能量和聚焦點。行星滿聚的宮位指出這是你認為極為重要的生活層面。

太陽 太陽落入第三宮，語言、溝通或者如何鞏固想法是你生活中的核心事物。某個兄弟姊妹可能是你早期仿效的對象。

月亮 你感覺學習是件自然而然的事，能輕鬆吸收訊息或直覺地感知事物。你與某個兄弟姊妹有強烈的情感連結。

水星 你腦筋動得飛快，能串連起不同領域的資訊。在同儕團體中總扮演開心果，或是妙語說書人。

金星 有金星在第三宮，你會喜歡浪漫的文學作品或探索關於愛與美的概念。與手足的關係和諧、倚賴彼此並相互欣賞。

火星 在第三宮的火星暗示你極具說服力。你在家中得努力爭取發言權。對你而言，言語即力量。

木星 你的話匣子源源不絕，腦海裡能迸出大量新點子。你想法樂觀，外國語言對你很有吸引力。

土星 你認真地學習，負起照顧兄弟姊妹的責任，或藉由精通某個科目獲得權威的地位。

天王星 你的心思快如閃電，能專注於思考，擁有提出相反觀點的才能。

海王星 你具有活躍的直覺感知，對你而言，事實本身比不上其所傳達的意象，重要性也比不過圍繞事實所編織而成的故事。

冥王星 你具備偵探頭腦，能明察秋毫，進而發現情報。對你而言學習和語言具有顛覆命運的力量。

凱龍星 暗示非正規的學校教育經驗，或許起初會削弱你的自信，但能造就你獨特的觀點。

 黃道星座與第三宮

思索星盤中第三宮行星所在的星座，以及第三宮宮頭所在的星座，可以進一步瞭解你自己。

牡羊座 你思考敏捷，直言不諱。可能與某位手足存在著競爭關係，你感覺需要在兄弟姊妹面前彰顯自己。

金牛座 你需要以按部就班、有條不紊的學習方式，最終會產生實際有用的結果。你尋求實際的知識，如園藝、雕塑或如何築牆。

雙子座 你擅長發現新模式、發展人際關係網，以及在自己所在的地區建立連結，並迫切地想用言語表述每個成形的想法。

巨蟹座 比起訴諸言語，你可能會選擇更能傳達情感的非言語形式溝通。你關愛兄弟姊妹。

獅子座 你以大膽自信的方式表達想法，因為你的溝通技巧和知識庫是自尊心的來源。

處女座 你妥善清理周遭環境——保持花園的整潔和打掃園中小徑。你具備觀察的天分，能有條理地組織資訊。

天秤座 公正平等的溝通是此宮位的特色，你具備在不同觀點之間進行連絡與調停的圓滑態度和能力。

天蠍座 你喜歡研究與學習你所研讀的任何科目，如果它能引發你的熱情……還有你可能非常清楚鄰居在忙些什麼。

射手座 你所在的區域感覺像有無限的可能性。教育必須讓你有追尋真理的感覺，使你充滿期待和冒險精神。

摩羯座 你想法務實，能輕鬆整理資訊，確保自己將時間花費在有投資報酬率的學科或規畫上。

水瓶座 你在學校裡可能隸屬於某個兼容並蓄的團體，感覺像「幫眾裡的一分子」。你的學習態度具有民主與理性精神。

雙魚座 你透過同化來吸收資訊，死記硬背的學習模式對你而言成效不佳。你說話帶有詩意，書本提供你遁入想像世界的管道。

第四宮

家與家庭

第四宮不論是明喻或暗喻都直指我們的家和安全避退之所。第四宮是家族的熔爐、譜系和血統的容器,傳承我們的世襲感。

家

第四宮描述我們避退與歸屬之處 —— 家,以及我們居住的實體房屋,反映出家的實際功能 —— 讓你感覺舒適自在的安樂窩,或神聖、安全之處。

血統與歷史

第四宮承載的是我們個人的血統與過往的歷史、文化之繼承、與家鄉的連繫,以及守護土地的古老觀念。

家人

我們為自己創造的血親和家族呈現於此。第四宮反映出我們對歸屬的渴望,對於在本宮位有個人行星的人來說,「出身於某處」的感覺格外重要。

基礎與私密的世界

我們在此找到內在的重心,此處也是內心的安全庇護所。第四宮是我們的聖殿,當前門關閉,無須向外界展現自我時,我們所顯現的樣貌。

☽ 落入第四宮的**行星**

看看有哪些行星落入你的第四宮，這透露出行星如何影響你的能量和聚焦點。行星滿聚的宮位指出這是你認為極為重要的生活層面。

☉ **太陽** 家是你的重心，對你而言最耀眼、最溫暖的地方。你強烈認同你的祖先、國族或文化。

☽ **月亮** 你與家人感情非常親密。在私密空間中，你的情感電池得以重新充電。

☿ **水星** 家是欣然談話與交流想法的地方，但也許你早年會因為生活時常變動而到處搬家。

♀ **金星** 你為自己創造平靜祥和的生活空間。富有藝術品味是你的家族特色，也培養出你的文化氣質。

♂ **火星** 你的親族之間可能存在著強烈的競爭感，帶有些許衝突氣氛。積極做家事是你在家中休養生息的方式。

♃ **木星** 在安定下來之前，你會旅行到離家很遠的地方，或即便在家也不斷鑽研個人領域的學問，忙著發現新世界。

♄ **土星** 你往往需要實在的居所，有腳踏實地的基礎。你是家中承擔責任的人。

♅ **天王星** 提早獨立對你很重要。為了獨立，你寧可選擇租屋而非買房，因此可能時常搬家。

♆ **海王星** 海王星暗示對完美聖殿的追尋，家是你精神上的避退之處。遵循靈性法則是你內在與外在的基石。

♇ **冥王星** 家是你的力量基礎。在此冥王星暗示翻新，可能是實際的翻修裝潢，或藉由搬家更新生活的渴望。

⚷ **凱龍星** 暗示早年的錯置感或缺乏歸屬感。你得花些時間找到自己的領域，安頓下來以展開新生活。

◉ 黃道星座與第四宮

思索星盤中第四宮行星所在的星座，以及第四宮宮頭所在的星座，可以進一步瞭解你自己。

♈ **牡羊座** 牡羊座表示早年家中環繞競爭的氛圍，而你學會在家庭中堅持自己的立場。

♉ **金牛座** 你需要一個安全穩固的根據地，讓你可以放慢腳步，以更從容的步調處理事情。

♊ **雙子座** 你可能有兩個家，或兩個不同的祖先血統；你意識到內在的雙面性，或者在兩個文化之間游移。

♋ **巨蟹座** 巨蟹座使第四宮成為安樂窩，或是提供安全的庇護所。你能為家人創造這種居住環境，自己也相當需要。

♌ **獅子座** 家是讓你自豪的地方，使你想要展現創作才能，或者引進一些珠光寶氣的裝潢。擁有自己的財產對你來說是重要的。

♍ **處女座** 你需要先整頓好四周的物品才能放鬆休息。對家人的責任感使你扮演照顧者的角色。

♎ **天秤座** 你重視分享，公平對你而言總是個中要點。你在家中扮演的角色是溝通調停者或外交官。

♏ **天蠍座** 你與父母親的關係緊密，但有許多事情祕而不宣。你理想中的避退之處是人跡罕至的地方，可以讓你與外界隔絕。

♐ **射手座** 含納多元文化是你的家庭特色，帶著「門戶敞開」的氣氛。你可能出身於大家庭，或是自己成立一個大家庭。

♑ **摩羯座** 你對於有關家的事情採取務實的態度。若家中事務規畫完善，能給予你穩固的運作基礎。

♒ **水瓶座** 你適合社群生活——能與眾人交流，或是身旁圍繞著有趣朋友的地方。

♓ **雙魚座** 濱水或流瀉著音樂的住所，能為你的內心帶來平和感。音樂或藝術細胞在你的家族中代代相傳，也成為你的一部分。

第五宮

創造力與子女

第五宮涵蓋創造力、玩樂和休閒方式。個人的嗜好為我們帶來歡愉,強化身為獨特個體的感覺。子女連同浪漫關係、賭博也歸屬於本宮位。

創造力與自我表現

傳統占星學將子女列入第五宮,生育無疑是我們創造能力的終極表現。第五宮會論及「遺產」的概念,以及創造可持續證明我們內在精神的事物。

休閒娛樂

第五宮是「內在小孩」。我們身為成年人,這部分內在的自我往往被藏而不見——無暇將自己擺在第一位,或騰出時間聞一聞玫瑰。然而,純粹的歡樂和消遣能回復元氣。

浪漫關係

第五宮的行星指出我們如何對別人示愛、如何讓別人以及自己感覺到特別。愛人和浪漫關係同屬本宮位,是喚起我們心中熱情的關係層面。

放手一搏

賭博亦隸屬於第五宮——實際上或隱喻上的各種冒險與投機都在此列。從事第五宮的活動時,我們往往得放手一搏,而這需要勇氣和實踐計畫的自信。

落入第五宮的**行星**

看看有哪些行星落入你的第五宮，這透露出行星如何影響你的能量和聚焦點。行星滿聚的宮位指出這是你認為極為重要的生活層面。

☉ **太陽**　你是天生的表演者或創意十足的藝術家，樂於成為眾人矚目的焦點，也可能專注於創作，想獲得關注和讚美。

☽ **月亮**　你理解孩童的玩樂世界，擁有信手拈來的創意和風趣愛享樂的一面。但你也需要個人需求得到關注。

☿ **水星**　你運用寫作或説故事來展現自身的創造力。你尋求從中獲得讚美，因為這是你能煥發光采的一面。

♀ **金星**　浪漫對你來説是關係的核心，藉此感覺到你受人賞識的自我價值和吸引力。你能在設計或時尚領域展現創造力。

♂ **火星**　對你而言，性驅力可説是一種自我表現的形式。你喜歡帶有競技元素的遊戲，從養育子女的過程中學習到生命的戰鬥精神。

♃ **木星**　你選擇成立大家庭。享受假期和各種娛樂消遣，騰出時間玩樂能使你回復青春活力。

♄ **土星**　你喜歡的娛樂活動可能是棋類遊戲，或同樣帶有策略性的項目。你偏好需要磨練的技能，雕塑、陶藝都有可能是你的選擇。

♅ **天王星**　你具備真正的原創性，不過得努力讓創意落實成形，否則你的點子會快速被下一個想法取代。

♆ **海王星**　音樂或詩對你很有吸引力，你容易沉迷於藝術活動。這些活動帶給你情感和精神上的滿足感。

♇ **冥王星**　生育子女或以其他方式從事創造性的工作，是能讓你全心投入並轉化自我的經驗，將會在你內心產生深刻且無懈可擊的力量。

⚷ **凱龍星**　你可能有過收養或照顧孩子的經驗。任何形式的玩樂都有助於滋養你或其他人受傷的「內在小孩」。

黃道星座與第五宮

思索星盤中第五宮行星所在的星座，以及第五宮宮頭所在的星座，可以進一步瞭解你自己。

♈ **牡羊座**　激烈的運動，或者讓自己處於危險邊緣是你消耗掉多餘能量的方式。冒險對你而言是日常生活的一部分。

♉ **金牛座**　如果要從事創作活動，土質的媒材或製作有形物品會吸引你。你喜歡與情人肌膚相親。

♊ **雙子座**　對你來説，戀愛是兩顆心的交會，更是智性的交流。你的創造力形式與言語有關。

♋ **巨蟹座**　你的照顧能力或者你所組建的家庭讓你感到自豪。在海邊或度假村度過假期很適合你。

♌ **獅子座**　獅子座在此強化了創造力，使生命充滿喜悅和意義。你善於營造羅曼蒂克的氛圍，為浪漫關係加溫。

♍ **處女座**　你將精確性運用到創造計畫中，但也有隱藏創作光芒的傾向。打工度假比全然無事可做的放鬆更適合你。

♎ **天秤座**　對你而言，創意工作必須具備美感和質感，你在這方面追求完美。對戀人的要求也是如此，你著迷於古典美。

♏ **天蠍座**　忠誠與熱情支撐著你的浪漫關係，不過有時可能會因為妒忌而破裂。你的幽默感辛辣而一針見血。

♐ **射手座**　長跑或射箭是你喜歡的運動類型。你的度假首選可能是前往某個遙遠的地方。

♑ **摩羯座**　你不太可能是個賭徒，如果是，你善於降低賠率，只甘冒經過計算的風險。養兒育女使你認真注意到肩負的責任。

♒ **水瓶座**　藉由讓你與眾不同的事物進而得到認可，能增進你的自我價值感。友誼是浪漫關係的溫床，你喜歡誠實坦率。

♓ **雙魚座**　你在浪漫戀情中迷失自我，陶醉得有如上了天堂，透過玫瑰色鏡片看待情人，有時因而受到蒙騙。

第六宮

健康與幸福

第六宮是工作和服務的宮位。我們在此放低身段,去面對手上的工作、例行公事、責任和養家活口等事務,並將身心維持在運作良好的狀態。

日常事務

我們在第六宮處理現實生活與工作的相關事務。第六宮顯示你對日常苦差事的感覺,以及你為了改善情況所能做出的調適。你對於工作的責任感也於此顯現。

健康

第六宮顯示你如何維持日常的健康。用什麼樣的身體活動保持一切運作順暢,本宮位顯示出最適合你的日常運動或健康養生方式。

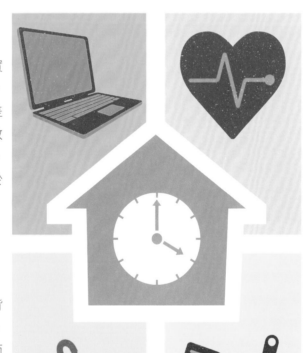

慣例與例行公事

第六宮包含構成生活背景的一切世俗例行公事。大多數人更想要去度假而非擦洗地板,但如果我們忽略日常雜務,事情便會停滯不前。

服務

在第六宮,我們發現自己與為我們服務或工作的人之間的關係。第六宮也顯示我們如何服務他人,以及此事所引發的感覺。從事服務業的人很可能在第六宮有行星。

落入第六宮的**行星**

看看有哪些行星落入你的第六宮，這透露出行星如何影響你的能量和聚焦點。行星滿聚的宮位指出這是你認為極為重要的生活層面。

☉ **太陽** 工作生涯對你而言是相當要緊的重心，你可能任職於健康或服務產業。藉由展現生產力來確立自信。

☽ **月亮** 你善於照料日常需求，也能體察他人的需要。關注內在的感覺是你保持健康的關鍵。

☿ **水星** 你的手藝精湛，有令人驚喜的手作工藝特長。善於在多變的環境中建立關係網。

♀ **金星** 你受到同事的歡迎，是團結員工或解決勞資糾紛的人。你需要平和的工作環境。

♂ **火星** 你的日常生活中無疑充滿動態活動，可以按自己快速的步調工作時感覺最有活力。平時積極從事運動使你保持良好的健康。

♃ **木星** 你喜歡幹勁十足地處理雜務，從辦好差事中獲得滿足感。但你也可能因此攬下太多事情，高估了自己一天之內能達成任務的能力。

♄ **土星** 你認真看待你的責任，擅長自己動手做或打造物品，同時又能確保事情有效運作。

♅ **天王星** 你抗拒一成不變的生活。可能適合從事自由業，因為能自訂行程和時間表。

♆ **海王星** 你具備演奏樂器的才能，日常練習能精進你的藝術造詣。高壓的工作環境不適合你。

♇ **冥王星** 當日常瑣事累積到讓你感覺受不了時，你才會大力整頓處理。高強度的日常運動並注意營養，能讓你的身體維持在良好狀態。

⚷ **凱龍星** 你可能任職於健康、醫療產業，或對其特別有興趣。你在同事眼中，是位有同理心的良師。

 ## 黃道星座與第六宮

思索星盤中第六宮行星所在的星座，以及第六宮宮頭所在的星座，可以進一步瞭解你自己。

♈ **牡羊座** 你一貫地保持積極，督促自己在一個工作天中完成許多事情。例如在半小時內迅速地完成家事。

♉ **金牛座** 緩慢的工作步調最適合你，讓你可以在無壓力的狀態下完成每一項任務。尊重你的身體需求可保持健康。

♊ **雙子座** 你無疑過著忙碌的日常生活，多樣的生活圈讓你感到幸福。你能靈巧地處理小機件。常保好奇心，渴望知道事物的運作方式。

♋ **巨蟹座** 你覺得你的工作夥伴就像家人，與他們情感契合對你來說相當重要。你可能扮演母親的角色，或者你的工作與照護有關。

♌ **獅子座** 由於你的身分認同與工作需求相連，在職場上需要權威，或用工作展現你獨特的創意。

♍ **處女座** 你留意細碎或較不重要的瑣事，樂於花時間做好幕後工作。慎選飲食能維持你的健康。

♎ **天秤座** 處世圓滑是職場中的利器，能幫助你創造和諧的環境。幸福來自身心的平衡與穩定。

♏ **天蠍座** 賣力地運動或積極投入日常任務可維持你的健康。在做完激烈的活動後需要適度休息，以免筋疲力竭。

♐ **射手座** 你工作生涯中需要自由，可能有頻繁出差的機會。你能營造職場上的幽默氛圍。

♑ **摩羯座** 你相當注意細節，希望知道事情每個環節都妥善地完成。你喜歡有效能和生產力的系統。

♒ **水瓶座** 你在社群或技術、科技領域中工作。相信勞資平等是你選擇工作的信念。

♓ **雙魚座** 守時不是你的強項。你抗拒平凡無奇的日常雜務，但又仰賴它所帶來的熟悉感。

「總體而言，
宮位展現出一個
極重要的過程——
人一生中
某個領域的際遇
和安排。」

霍華‧薩司波塔斯
《占星十二宮位研究》（ *The Twelve Houses* ）

第七宮

關係

第七宮傳統上代表婚姻和夥伴關係，還包含「公開的敵人」、爭吵和爭端。這是契約式夥伴關係的宮位，同時也是訴訟的宮位。深入檢視能觀察出這些事項之間的關聯。

另一半

第七宮是我們的「其他」感。我們可以説第七宮構成了「陰影」，是我們下意識對抗的特性，但卻又不由自主地受其吸引，感覺那是拼圖中遺失的部分。

投射

心理學家榮格談到，投射是人們確認某項特質或行為屬於他人，卻沒有意識到它其實是屬於自己的一種機制。在第七宮，我們有這種傾向。

關係

這是婚姻和其他契約式夥伴關係的宮位。無論你想要戴上戒指或寧可不受束縛，位居下降點的星座和第七宮的行星皆扮演重要角色。

公開的敵人

第七宮是「公開之敵人的宮位」，訴訟和下級法庭所在之處，解決敵對雙方之間的爭端。我們的確視夥伴關係為某種競爭。

落入第七宮的**行星**

看看有哪些行星落入你的第七宮，這透露出行星如何影響你的能量和聚焦點。行星滿聚的宮位指出這是你認為極為重要的生活層面。

☉ **太陽** 對你而言，關係是生活的核心，但你需要透過確立關係的過程找到自己的個體性，這是自我發展的重要方式。

☽ **月亮** 你以關愛的精神接觸他人，理解其需求，敏於覺察他人的感受。你在一段關係中尋求、同時也提供滋養和保護。

☿ **水星** 你受到才智的吸引，或需要以溝通和心智連結作為關係的基礎。你會刺激別人的思考。

♀ **金星** 關係如同反映自身價值的明鏡，對你而言接收正面回饋是重要的。你尋求優雅有教養的伴侶。

♂ **火星** 關係是你培養主見的媒介，但你也很有可能會在關係中爭奪主導權或交出主導權。

♃ **木星** 你有能力激勵和教導他人，有時卻會誤以為別人比你更有知識和自信。你受到出身於不同文化背景的伴侶所吸引。

♄ **土星** 你認真而慎重地看待夥伴關係，無論情況好壞都堅定忠貞。你傾向選擇年紀較長的伴侶，慢慢培養自己的內在權威。

♅ **天王星** 你寧可和限縮你自由的人分手，受難以預測的伴侶吸引，或許你對獨立的追求才是問題的根源。

♆ **海王星** 你渴望與他人全然融合，難以接受人們的原始樣貌，寧願照你想要的樣子去看待別人。

♇ **冥王星** 夥伴關係是轉化的熔爐，也許會遭遇危機和權力爭鬥，但經此之後你會變得更強大，能夠給予別人力量。

⚷ **凱龍星** 你同理且接納他人，並受到療癒的渴望所激勵。你適合非傳統的關係。

 黃道星座與第七宮

思索星盤中第七宮行星所在的星座，以及第七宮宮頭所在的星座，可以進一步瞭解你自己。

♈ **牡羊座** 上升點位於天秤座，表示你的目標是追求公正公平，然而在關係中，你卻比較像戰士。

♉ **金牛座** 在與他人的交往中，你尋求穩定和長期的忠誠。這能平衡你的天蠍座上升點對於生命的熱烈態度。

♊ **雙子座** 你喜歡和別人對話，但在關係中需要稍加轉化並注入幽默。你學習向別人闡明射手座上升點的願景。

♋ **巨蟹座** 關係催生出比上升摩羯座人格面貌更深情的一面。想要成立家庭和安樂窩的欲望，決定了你如何選擇伴侶。

♌ **獅子座** 偷偷渴望被讚美和注意，這一特點存在於友善的水瓶座上升點背後。你透過關係學習散發風采並展現你的獨特之處。

♍ **處女座** 你期待別人提供真實世界的地基，在關係中找尋穩固的基礎，以平衡雙魚座上升點的詩意和夢幻。

♎ **天秤座** 牡羊座上升點讓你自信而果敢，在關係中你的自我受到嚴厲挑戰，必須學習妥協。雖然這令你感到挫折，但也因此邁向和諧。

♏ **天蠍座** 你在關係中追求熱烈與激情，這一面被平和的金牛座上升點所掩飾。締結關係能賦予雙方轉化的力量。

♐ **射手座** 從與別人的相處中，你得以綜合並深化雙子座上升點所蒐集到的有趣資訊。

♑ **摩羯座** 你期待伴侶、朋友和同事給予實質協助，以遏制和穩定透過巨蟹座上升點所注入的情感波動。

♒ **水瓶座** 兩人的關係促使你培養出比獅子座上升點的自我意識更加民主的觀點。雙方的關係必須能維護彼此的自由。

♓ **雙魚座** 你運用實用的技巧（處女座上升點）無私地協助他人。有了伴侶後，你更能超凡脫俗，進入兩人結合的幸福境界。

第八宮

親密關係與共享的財產

我們在第八宮會遭遇許多黑暗的生活面。在此我們體驗失落、經歷情感危機,但也因此有了深刻的轉化。第八宮涵蓋關係的親密性和共享錢財的複雜。

深沉、黑暗與神祕

死亡、喪失權力和對權力的妥協都是第八宮的範疇,挑戰著我們個人的掌控感。屬於本宮位的事物大多極為私密,並且會引發原始、強烈的情緒。

共享的資源

第八宮描述與他人共享的金錢和資產,使之成為一不小心便可能致命的戰場。第八宮是信任與不信任的領域,債務與錢財義務的宮位。

親密關係

繼第七宮的契約式關係後,第八宮帶領我們進入比表面關係更深層、更黑暗的領域:權力運作、未説出口的契約以及更深刻的親密關係。

死亡與轉化

危機和失落是第八宮的主調,但你也在此歷劫重生。在第八宮我們遭遇權利被剝奪、情緒被壓抑等經驗,但也因此轉化成強大的內在力量。

落入第八宮的**行星**

看看有哪些行星落入你的第八宮，這透露出行星如何影響你的能量和聚焦點。行星滿聚的宮位指出這是你認為極為重要的生活層面。

太陽 你的人生目的是探索深層領域。你也許會透過工作或檢驗你的親密關係來達成此事。

月亮 你對於情緒的暗流十分敏感，能直覺地知曉沒有被説出來的事。具有拯救陷入危機者的特殊才能。

水星 敏鋭的心智使你對研究工作、破解密碼和暗中交流感興趣。表面的資訊絕對無法滿足你。

金星 你發現權力的誘人之處，會透過結盟關係而獲得錢財。在親密關係中，你將展現交際手腕，以及愛和協商的能力。

火星 你在危機中果斷地行事，運用你的力量對抗最嚴苛的局勢。財務共享是你培養出獨立自主意志的試驗場。

木星 面對極端情況時，樂觀的態度讓你得以度過難關，同時還能支持別人。信仰歷經危機與轉化後將會更加強大。

土星 你不易和他人建立親密感，因為你偏好維持界限和掌握主控權。人們會將他們的金錢和最深層的祕密託付於你。

天王星 你的智性光芒照亮生命的神祕，帶來明晰和理性的論述。在親密關係中保持距離，對你而言是重要的。

海王星 你會在親密關係中奉獻一切，這能使你與伴侶在精神或情感上合而為一。但也意味著要做出犧牲或因此而感覺到脆弱。

冥王星 你敏於覺察權力鬥爭，且能在這場遊戲中扮演敵對者。艱難的局勢或金錢的損失皆在測試你的生存意志。

凱龍星 你能從深入的治療形式中獲益，或許會從事相關工作。你瞭解別人的痛苦並本著同情的精神伸出療癒之手。

 ## 黃道星座與第八宮

思索星盤中第八宮行星所在的星座，以及第八宮宮頭所在的星座，可以進一步瞭解你自己。

牡羊座 你往往冒然衝進深淵，總是先行動才思考。你會因一時衝動而投入親密關係，或者未經深思便冒險投資。

金牛座 你對共同的錢財抱持安全至上的態度，能夠看出有利可圖的投資。你透過明智的判斷力遏止危機。

雙子座 洞悉深層的意義是你的天賦長才，你會在好奇心的驅使下探究隱藏的動機。對你而言，親密感產生於心有靈犀之時。

巨蟹座 你嚴密地保護你的私人世界，極能觸及情感的暗流——這對你造成深刻的影響。

獅子座 你可説擁有點石成金的能力，投資能得到豐厚回報。有共同財務的自主權對你而言是重要的。

處女座 你得花些時間處理危機和災難經驗，但同樣的，你能在這種情況下發揮關鍵的承受力。

天秤座 你希望公平處理共同財務，而且需要與伴侶均分所有事物。嚮往平和穩定的夥伴關係。

天蠍座 當你迷戀上某人，你會愛得熱烈、一往情深地奉獻自己。你也會和伴侶玩金錢方面的權力遊戲。

射手座 冒險和投機事業對你極具吸引力。親密關係對你而言是征服、拓展和增進智性的途徑。

摩羯座 你拒絕將自己和伴侶的資源混在一起。對感情維持類似的界限，抗拒關係中更深的承諾。

水瓶座 對於未經解釋的事物採取理性態度，讓你能區分什麼是真實、什麼是幻象。即便在忠貞的關係中，你也需要清晰的距離感。

雙魚座 對你而言，深刻的親密感是超越平凡的途徑，驅使你投入伴侶懷抱，通往更神奇的世界。

第九宮

追尋與冒險

第九宮是我們對於地平線之外事物的感覺。它邀請我們參與實質的長途旅行，或透過高等教育、哲學和宗教沉思步上心智旅行。第九宮涵蓋倫理道德、理想，以及法律精神。

追尋意義

第九宮關乎陌生領域的探索，其目的是獲得經驗與智慧，藉以更瞭解我們自己和周遭世界。

教導與高等教育

在第三宮，我們透過初等教育學習基本理論，但在第九宮，我們超越事實和邏輯，進入尋求意義與真理的範疇。第九宮的行星暗示我們如何面對這個更複雜的學習階段。

哲學、宗教與信仰

我們在此找尋生命大哉問的解答 —— 哲學、政治和法律都隸屬第九宮，連同宗教和信仰在內。這是道德原則、政治理想，以及我們所依循的倫理規範宮位。

冒險與長途旅行

第九宮暗示長途旅行。何謂「長途旅行」端賴你的觀點而定，並非總里程數的問題，而是取決於你對翻山越嶺和遙遠的感受。

落入第九宮的**行星**

看看有哪些行星落入你的第九宮，這透露出行星如何影響你的能量和聚焦點。行星滿聚的宮位指出這是你認為極為重要的生活層面。

太陽 你透過旅行或教育以提升眼界和自信。為了探索自我，你需要離開家這個熟悉的領域。

月亮 你可以四海為家，也許定居國外或渴望如此，但也可能只是需要汲取旅行和身處異地所提供的滋養。

水星 你有語言天分，喜歡做深入研究。滿腦子問題的你，無疑對各種科目都充滿興趣，是永遠的學生。

金星 你從事研究或旅行的目的，或許是為了喚醒美感體驗或培養藝術技藝。也善於和異國的朋友交流。

火星 你是勇於深入未知領域的開拓者，為他人開闢出一條可追隨的道路。艱困的旅程能測試你的力量和決心，使你變得無所畏懼。

木星 你容易產生信仰，以信任之心接觸未知事物。樂於追求更高階的學問，也擅長教導和傳播理念與知識。

土星 「飛行恐懼」不僅一語道破你對空中旅行的感覺，也說明你對陌生情況的態度。你會為造訪未知的領域預做準備，且從不輕信宗教。

天王星 追求高等教育或努力理解宗教信條能啟蒙你的哲思，但你也常常質疑、排拒正統與傳統。

海王星 第九宮是和預言有關的宮位，海王星在此暗示你擁有靈視能力，或有憑直覺得知未來趨勢的天賦。前往島嶼度假休憩很適合你。

冥王星 冥王星位於此宮位者，有少數人意圖支配世界，但大多數人只想藉由學習或信仰得到轉變。

凱龍星 你走自己的路，穿越道德迷宮，尋求更深刻的智慧。你是引領他人以其方式瞭解事物的真正導師。

 黃道星座與第九宮

思索星盤中第九宮行星所在的星座，以及第九宮宮頭所在的星座，可以進一步瞭解你自己。

牡羊座 你不喜歡冒險遭到阻撓，無論是現實中或智性上的探索。你偏好獨自出發，前往無人造訪之地。

金牛座 你適合豪華旅行，或至少顧及物質享受的行程。耐心向學的態度會為你帶來豐碩的回報。

雙子座 好奇心是你從事研究或旅行的主要原因。你喜歡分析複雜的概念，又能以簡單明白的話語清楚表達。

巨蟹座 你對外國文化和民俗儀式興味盎然。以直覺學習，傾向研究與自己有情感連結的事物。

獅子座 你偏好闊綽的旅行，出發是為了追求個人成長。冒險跨出熟悉的領域能強化對自我的身分認同。

處女座 你藉由查看細節、攜帶地圖、指南針和應急計畫來處理未知事物。擅長分析複雜的概念。

天秤座 平等且彬彬有禮的關係對你而言是道德規範的基礎，也是一項崇高的原則。你想要進一步鑽研的科目可能是社會科學、藝術、時尚或設計。

天蠍座 你深入探討哲學問題，進一步接受訓練或從事研究，直到揭露問題的最終答案才會滿足。

射手座 這世界對你而言就是座冒險樂園，沒有任何事物能約束或限制你的邊界。冒險在召喚你，你想要體驗一切。

摩羯座 你對學習和教導採取做生意般的務實態度，凡事都做得像專業教練一樣優秀，有意取得證照或資格證明。

水瓶座 對你而言，道德原則的核心價值是為了俾益群體而非個人。你以理性和智識的角度看待信仰。

雙魚座 你渴望逃進藍色的彼岸，或許不知道目的地何在，但遠方正對你發出誘人的呼喚，激發你無窮的想像力。

第十宮

職業與天命

第十宮是達到頂點和開花結果的所在，顯示出我們的公開形象、我們為謀生所做的事，以及我們在這世界中所扮演的角色。我們在此獲取成就和成功，並瞭解自己真正的天職。

職業與天命

第十宮代表巔峰，亦即我們所能達到的頂點。第十宮描述我們的志業以及將如何獲得成功與成就，也顯示出內在的天命。

父母與權威

第十宮代表權威人物，尤其是父母親。你如何進行管理、如何當家作主以及從中發現領導技巧，也都在此顯現，這一切可能奠基於你的父母如何做這些事。

抱負與地位

在第十宮，我們嚮往成就帶來的榮耀，希望在此成長茁壯——開花結果並充分發揮所長。因此第十宮呈現的概念是成長、透過工作取得成就，在這世界上獲得定位。

公開形象

第十宮是公開的形象，也是我們藉以聞名的事物。我們所選擇的職業表明我們重視的事物。因此我們會在第十宮找尋能愉快地結合世俗抱負和內在天命的工作。

落入第十宮的**行星**

看看有哪些行星落入你的第十宮，這透露出行星如何影響你的能量和聚焦點。行星滿聚的宮位指出這是你認為極為重要的生活層面。

☉ 太陽 你強烈認同你所從事的工作，因此選擇一個能讓你扮演核心角色的職業十分重要。

☽ 月亮 你將以和善、關切的風格領導大家。為人父母是你的才能所在，或者你的工作涉及養育、照顧或料理等家務。

☿ 水星 你的專長是溝通和建立關係網，善用這些技巧會帶給你成就感。你欣賞口才流利和聰明伶俐的人。

♀ 金星 人們賞識你圓融得體的處世技巧和團結群體的領導能力。你隨時留意自己的儀態。

♂ 火星 你選擇需要幹勁、野心，具有競爭性的職業。你偏好成為老闆以彰顯權威，而非聽命於人。

♃ 木星 如果要讓你感到滿足，選擇的職業必須具備自我提升和升遷的機會。你的父母親鼓勵你追求高遠的目標。

♄ 土星 你的領導風格是自己一肩扛起重責大任。儘管高處不勝寒，但能帶給你實實在在的成就感。

♅ 天王星 向權威低頭不是你的作風，你可能會選擇能激發你獨立自主的願景，以及在合適時機容許你更換跑道的工作。

♆ 海王星 與藝術有關的職業最能吸引你，或是需要運用或培養想像力，向世人展現創造才能的工作。

♇ 冥王星 別人可能認為你極有影響力，不過在這當中你得花些時間對掌握權力感到自在。

⚷ 凱龍星 從事治療或提供諮詢的職業是你的目標。儘管你得歷經一段困惑時期，才會發現真正適合你的工作，但它會是你真正的天職所在。

 ## 黃道星座與第十宮

思索星盤中第十宮行星所在的星座，以及第十宮宮頭所在的星座，可以進一步瞭解你自己。

♈ 牡羊座 你是自動自發的人，急於展現本事並領先別人。在工作中，你喜歡當領頭羊。

♉ 金牛座 你選擇的職業具有運用長時間緩慢爬升的特色，帶著講求實際的務實成分。你會長期頑強地待在某個工作崗位或事業領域。

♊ 雙子座 你的職業道路可能有兩條不同路線，多樣化和互益的交流可以滿足你的野心。你努力成為深受他人信賴的傳播者。

♋ 巨蟹座 你適合從事教學和照顧的工作，你可以成為該行業的翹楚。憑藉運用直覺晉升到最高位。

♌ 獅子座 你重視公開的形象，對外展現不凡的氣度。你相信成功需要自我提升和自立自強。

♍ 處女座 你喜歡的工作類型以培養技能和精確性為重點，例如製作物品、創造秩序或去蕪存菁。

♎ 天秤座 你選擇的職業有一定的公關或溝通成分，而且你希望被視為公平、公正、無私的人。

♏ 天蠍座 你傾向選擇需要膽量與決心的工作，或許會以父母為楷模。需要能投入熱情與承諾的工作。

♐ 射手座 這世界是你大展身手的地方，問題只出在自己的願景太過宏大。你的工作範圍涉及國際事務或教育領域。

♑ 摩羯座 管理、組織和妥善規畫，都是你能從工作中培養的技巧。你偏好需要經過專業訓練的傳統職業。

♒ 水瓶座 你選擇在志同道合的團隊中工作，而非獨自埋頭苦幹。你的管理風格是友善、民主且包容的。

♓ 雙魚座 同理心及藝術天分是你聞名於世的資產。如果你不清楚自己想要什麼，可能需要花些時間去尋找自己的稟賦。

第十一宮

友誼與社群

第十一宮是我們透過友誼和種種社會網路,在較大的群體中找到立身之處的地方。 在第十一宮的行星暗示你在團體中所扮演的獨特角色。

朋友與盟友

如果説第五宮是玩樂的宮位,那麼第十一宮便是遊樂場,我們在這裡與別人分享空間和時間,創造由朋友和熟人所構成的社交圈。在此找到其行動使我們受益的盟友和支持者。

團隊合作

除了社交圈之外,第十一宮還暗示各種群體的努力——會議、委員會和社團,包括我們參與的模式,以及我們對大於個人利害關係之事所做的貢獻。

希望與願望

第十一宮反映我們對未來懷抱的希望,以及我們相信生命會支持鼓勵我們到何等程度。第十一宮塑造我們對於制定計畫和策略,使之有效達到成果的態度。

共同目標

第十一宮道出我們的許多政治觀點和社會理想——我們的烏托邦願景和社會應有的樣貌。為了團體的利益,我們願意犧牲到什麼程度也在此顯現。

落入第十一宮的**行星**

看看有哪些行星落入你的第十一宮，這透露出行星如何影響你的能量和聚焦點。行星滿聚的宮位指出這是你認為極為重要的生活層面。

太陽　你的生活以社群為核心，透過友誼來定義自己，當你的行動對集體具有重要意義時，也是你的光采最為煥發之時。

月亮　你天性合群，在團體的相互支持下成長茁壯。你在群體中的角色主要是提供滋養和保護。

水星　在社交環境中，你具備建立關係網的絕佳技巧，且總是能保持活躍。你善於運用人際關係網爭取機會。

金星　你透過圓滑的手腕和有禮貌的交流，找到融入群體的方式。你能運用魅力、機智和優雅的風度爭取到盟友。

火星　你的競爭精神很可能在群體和社交場合中被激發，火星在此也是願意為社群奮鬥的戰士，也許會為了社會公益或政治理想而戰。

木星　凡是木星所在之處，事件進展往往感覺輕鬆不費力。木星具備胸襟開闊的包容力，且喜愛富有活力的同伴，這使你在群體中容易出人頭地。

土星　就像果實會隨著時間逐漸成熟，土星在這個位置暗示對友誼的認真與承諾，你的朋友雖然不多，但禁得起時間的考驗。

天王星　你有個矛盾的課題：如何在民主精神的脈絡下維持你的個人自由和自主權。你可以扮演革命者，為社會帶來根本的改變。

海王星　你相信人人都是群體的一分子，準備犧牲個人欲望來為社群服務。

冥王星　你會與別人締結深厚的友誼，或毫不含糊地投身於某個政治理想。兩者都具備改變和賦予權力的能力。

凱龍星　凱龍星往往會阻礙我們到達高處，但在第十一宮，你能克服困難，並成為良師和明師，療癒你所屬的社群。

 黃道星座與第十一宮

思索星盤中第十一宮行星所在的星座，以及第十一宮宮頭所在的星座，可以進一步瞭解你自己。

牡羊座　你容易跳脫群體的規範，採取獨立自主的行動。你是領導群體的社會先鋒，忙碌的社交生活使你感到活力充沛。

金牛座　你傾向在朋友身上尋求忠誠與信賴感，並給予充分的回報。關於友誼，你重視堅定和長久。

雙子座　你理想中的友誼涉及溝通和文化多樣性。雙子座在此暗示對建立關係網和各種社交行程的需求。

巨蟹座　對你而言，朋友感覺起來就像家人，你在意這個群體的安全。認為社會應該提供人們支持、培育人們成長。

獅子座　團體是你發光發熱的場域。你以帝王之姿管理群體，或者在社交場合中慷慨付出你的時間和注意力。

處女座　你關注全體的福利。對你來說，相較於在團體裡扮演有用的角色，從中脫穎而出並不那麼重要。

天秤座　這個星座為群體帶來公平與和諧感，你會發現自己時常在朋友之間扮演調停者。

天蠍座　天蠍座會為此處的任何行星增添深度和強度，因此對你而言，友誼不太可能只是敷衍了事。對於認定的朋友，你會熱情以待。

射手座　你具備領導大家一起去冒險的能力。與來自不同文化的人交流或參與其中，可使你從中發掘樂趣。

摩羯座　你給人嚴肅的感覺，並傾向掌控與支配。你可能扮演類似議會主席的角色，為黨派提供成熟的觀點。

水瓶座　你採取人人平等的立場，相信團隊中的每個人都必須得到公平的待遇，分配資源時要顧及全體。

雙魚座　你以敏感的同理心對待朋友。處於群體中能激發你無私提供利他服務的能力。

第十二宮

服務與犧牲

第十二宮暗示消融和解放,是超越時間的所在,生命於此回歸到宮位週期在上升點再次循環的初始水域。我們在這裡體驗到犧牲、無私和奉獻。

檯面之下

這是「自我毀滅」的宮位,暗示我們不要完全相信自己的能力,而是要從別人身上獲得反映,以便使這些技能或特質顯得真實。第十二宮也是逃避和退縮的宮位。

更高層次的服務

犧牲的概念穩居於本宮位,意思就是「使之變神聖」,以求完美展現奉獻與博愛同情的精神,暗示著慈悲是給予這世界的真正贈禮。

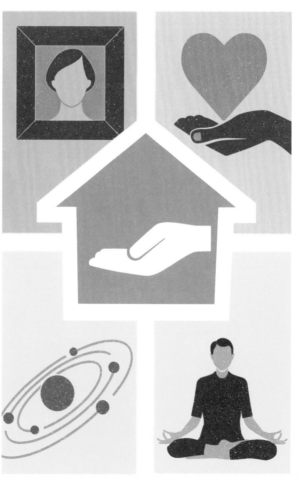

普世與集體

傳統占星學將許多機構置於第十二宮 —— 醫院、監獄、宗教靜修所。在這些地方,與眾人的融合輕易地取代「我」這個概念。在此的行星呈現出超凡脫俗的特質。

超越

第十二宮的終極意義或許是超越:脫離生命之輪,進入不受時間影響的至福與平靜狀態,重新與萬物合為一體 —— 即便只在瞬息之間。

落入第十二宮的**行星**

看看有哪些行星落入你的第十二宮，這透露出行星如何影響你的能量和聚焦點。行星滿聚的宮位指出這是你認為極為重要的生活層面。

☉ **太陽** 你的自我認同與人生使命源自貢獻自己、服務眾生。擔任表演者或演員能使你發光發熱，輕易轉換性格。

☽ **月亮** 照護工作對你很有吸引力。以此方式聚焦你的心力，會比想要照顧全世界更有成效。

☿ **水星** 你對於靈性事物或不可觸知的生活層面感到好奇，包括神話和象徵。你可以發揮想像力講述故事，讓自己的聲音得以被聽見。

♀ **金星** 完美的情人縱然不存在，但只要心中懷有這個想望，就能從你投射的美或天賦中辨識出來。

♂ **火星** 你憑藉自身的努力，為軟弱或不幸的人勇敢奮戰，即便犧牲或失敗也在所不惜。

♃ **木星** 完美的異國旅行或與同伴一同慶祝，對你而言是最幸福的事。你越是慷慨付出，越能感受到世界以奇妙方式回應你。

♄ **土星** 記住你毋須為所有的苦難負責，這有助於你專心致志在真正有價值的事業上。你擁有在混亂中建立秩序的天賦。

♅ **天王星** 或許你該隱藏你的離經叛道以便融入群體，這麼做有助於讓你獲得自由。你擁有能辨識集體趨勢的靈敏雷達，這將使你領先時代。

♆ **海王星** 你或許會為了理想而付出一切，不留任何東西給自己，是這紛亂世界中一盞同情的明燈。

♇ **冥王星** 如果不承認自己的力量（或無力感），你的努力會被削弱。你有能力探究集體的心理。

⚷ **凱龍星** 暗示著渴望療癒全世界，並對所有的人展現深刻的同情心。或許你得先治療自己的傷痛，而這也使你敏於覺察別人隱藏的痛苦。

 黃道星座與第十二宮

思索星盤中第十二宮行星所在的星座，以及第十二宮宮頭所在的星座，可以進一步瞭解你自己。

♈ **牡羊座** 你被賦予主動權和集中的能量，參與慈善工作可以喚起你的戰鬥精神，而且你能領導這場運動。

♉ **金牛座** 逛逛花園或在鄉間散步，最能讓你感到舒適放鬆。自然世界帶給你舒緩和解放的感覺。

♊ **雙子座** 你可以運用天賦探詢並清楚表達複雜的心智，搭起現實與想像世界的橋樑。

♋ **巨蟹座** 你的幕後角色是擔任護士或照顧者，看顧無力照料自己的人。你自己的家會是完美的精神聖殿。

♌ **獅子座** 你感覺你的才華遭到忽視，但你可以藉由創作或表演打動別人，從眾人的讚賞中獲得自信。

♍ **處女座** 你透過微小但實際的行動來服務旁人，例如用花朵布置教堂或打掃小巷。這類舉動乃出自博愛的精神。

♎ **天秤座** 逃避俗世能讓你恢復平衡感，你可以參加瑜伽營，或者在你挑選的聖殿找回和諧與平靜。

♏ **天蠍座** 縱使你對於看不見的東西抱持懷疑的態度，但同樣具備強烈的直覺。研究神祕事物對你來說是有趣的事。

♐ **射手座** 你是涉入未知世界的旅人，也是靈性事物的追尋者。對你而言，快樂是盡可能遠走他鄉。

♑ **摩羯座** 你不信任無法眼見為憑或未經實證的事物，但或許可以透過在藝術領域工作，為想像的世界建置結構和目的。

♒ **水瓶座** 你以科學來解釋生命中較為神祕的面向。和朋友窩在一起或者外出去透透氣是你放鬆的方式。

♓ **雙魚座** 你對周遭的感覺和氛圍相當敏感，可以敏銳地覺察他人的悲傷，因此設立界限對你而言是重要的——以免被外來的情緒給淹沒。

星盤

星盤概論

縱覽全圖

你的星盤是絕無重複的行星、星座、軸點、宮位與相位的排列組合。最重要的是，你的自由意志和這些象徵會形成多種詮釋可能，這意味著你的人生道路是你身為獨立個體的意志展現。

你是獨一無二的！

　　星盤是在某一確切日期、時間和地點的天空概覽。在任何特定時刻，每顆行星都占據黃道的某個特定位置，該時刻在地球上任何地方出生的任何人（或任何事物）星座的度數與分數都完全相同。然而如果我們比對在相同日期時刻，但不同地點出生的兩人的星盤，卻會發現相異的軸點與宮頭。每一張星盤皆為天空中相同的行星分布創造出不同描述。

　　隨著時間的推移，星盤再度改變──行星繼續前進，軸點和宮頭也是。

　　換句話說，你的星盤獨一無二，與任何人都不同。在雙胞胎的星盤中──即使出生時間僅是幾分鐘的差異，也可能意味著行星宮位的改變，或軸點移入下一個黃道星座。

星盤告訴你的事

　　星盤可以提供大量訊息，透露你的脾性、動機、欲望、潛在的技能和天賦。它回顧過去，暗示祖先對你造成的影響；並前瞻未來，預示為了創造和成就自我，你可以努力的事。

解讀象徵

　　星盤中的每個象徵都具備許多不同意義，可運作於各種不同的生活層面。每當你在星盤上發現了問題，或讓你覺得負面的事物，都有可能是能啟發你轉變的時機點，不如好好琢磨其象徵意義：例如土星會引發恐懼，但也提醒你要專心致志並朝專業化發展；海王星可能指出喪失結構，但同時也是想像力的解放；月亮可能帶著難熬的情感記憶，卻也告訴我們如何照顧及支持自己。

保持開放的心胸

　　在思索任何一張星盤時，包括你自己的，請試著保持彈性和想像力，誠實面對挑戰，同時花時間好好磨練既有的天賦或可培養的技能，致力以開放的心態思考其中的象徵，清楚表達你的所見所聞。每張星盤都能披露生命的意義，但任何事情都絕無定論，而星盤能提供我們更多探索自我的可能性。

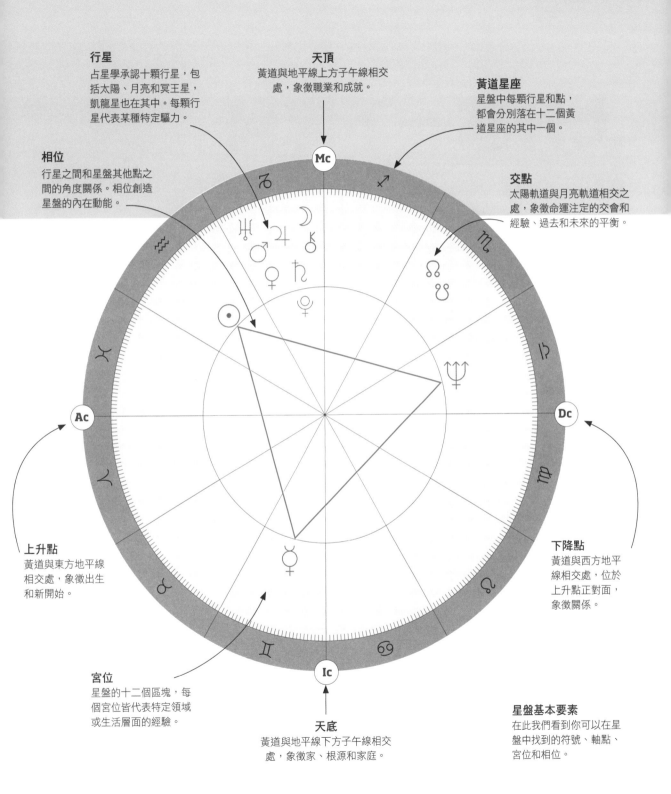

行星
占星學承認十顆行星,包括太陽、月亮和冥王星,凱龍星也在其中。每顆行星代表某種特定驅力。

天頂
黃道與地平線上方子午線相交處,象徵職業和成就。

黃道星座
星盤中每顆行星和點,都會分別落在十二個黃道星座的其中一個。

相位
行星之間和星盤其他點之間的角度關係。相位創造星盤的內在動能。

交點
太陽軌道與月亮軌道相交之處,象徵命運注定的交會和經驗、過去和未來的平衡。

上升點
黃道與東方地平線相交處,象徵出生和新開始。

下降點
黃道與西方地平線相交處,位於上升點正對面,象徵關係。

宮位
星盤的十二個區塊,每個宮位皆代表特定領域或生活層面的經驗。

天底
黃道與地平線下方子午線相交處,象徵家、根源和家庭。

星盤基本要素
在此我們看到你可以在星盤中找到的符號、軸點、宮位和相位。

上升點—下降點

你的東西軸線

上升點和下降點代表地平線，兩者構成橫越星盤的軸線，連結有意識的自我感（上升點）與我們透過關係尋求且遭遇到的相反、互補能量（下降點）。

第11宮

第12宮

Ac

第1宮

第2宮

上升點

上升點或上升星座（更嚴格地說，上升角度）象徵出生時間和你降生到這個世界的時刻。上升點顯示出生當下你的周遭情況和環境，或至少是你的感受。

新開始

上升點銘印本身的特色，為所有的新開始設定了模式──展開新的一天、新計畫或新的人生階段；你如何認識、應對和遇見他人；當某人和你交談時，你如何回應；你希望別人如何看待你，以及他們真正看待你的方式；還有你對這世界上事物的感覺，以及如何去適應。

上升點
上升點為新開始設定模式，並提供關於人生展望的重要線索。支配上升點星座的行星亦即你的命主星。

人格面貌

我們可將上升星座或任何鄰近上升點的行星，視為我們所能創造出的氛圍。我們也可以用「人格面貌」來加以思考，如同戴上面具或穿衣打扮以呈現自己的方式。上升點作為第一宮的宮頭或起始點，就如同店面櫥窗，是我們對外公開展示的部分。

我們所體驗的一切事物都經過上升點的過濾，因此上升點也提供了我們對人生的基本展望。

上升點—下降點軸線
在此我們看見上升點一下降點軸線由東至西，亦即從第一宮宮頭到第七宮宮頭，橫跨貫穿整張星盤。

命主星

即上升星座的守護行星，扮演重要角色。你的命主星就像舵手，按所在星座、宮位和相位，展現各種經驗和技巧。這些經驗和技巧的培養將直接運用於星盤所開展的故事，尤其是太陽核心故事。命主星作為第一宮的守護星，可以提

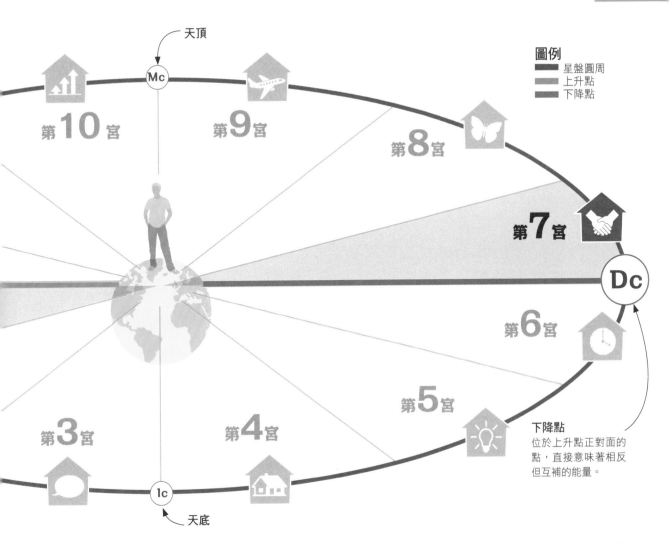

圖例
■ 星盤圓周
■ 上升點
■ 下降點

天頂

第10宮　第9宮　第8宮　第7宮　Dc　第6宮

第3宮　第4宮　第5宮

天底

下降點
位於上升點正對面的點，直接意味著相反但互補的能量。

供所有關於上升點所述事件的深度資訊。

下降點

　　上升點正對面的點，代表面對面的兩個星座，是相反但互補的能量。這條軸線的兩端連結成一條由東至西橫跨星盤的地平線。

「非我」

　　如果說上升是「我」，那麼下降點便是「非我」，是我們不會聯想到與自己有關的一系列特質和行為，反而堅信那性格必定屬於別人。你之所會被別人吸引，常常是因為他們反映了你所沒有的，也就是下降星座和附近下降點行星（以及第七宮行星）的特質。

關係

　　下降點是你在個人和職業夥伴關係中，與他人直接一對一接觸的那部分自我。下降點和第七宮將關係描述成一條學習曲線，取決於對立、差異，以及有勇氣承認我們以為屬於「另一邊的人」的特質，但那些特質其實是我們所隱藏，或者是我們必須培養的。因此下降點體現的是我們在別人身上發現，讓我們既討厭又欣賞的特性。在關係的進退攻防中，我們將慢慢培養出下降星座和行星的特點。

天頂—天底

你的南北軸線

這條軸線連結代表家、祖先和私人空間的天底，以及代表我們的職業、抱負和最高志向的天頂。它就像一棵樹，樹根扎入我們在天底的基礎，而樹冠在天頂繁茂生長。

觀察者的子午線

在你出生的時刻和地點，如果你在所站立的地平線上畫一條垂直線，上、下連結天球南北的兩個點，這條線便是觀察者的子午線。這條子午線與黃道相交處是星盤中稱作天頂和天底的兩個點。

天頂

天頂位於地平線上方，太陽每天於正午時分到達的位置，代表產生結果和達到巔峰。天頂代表我們的事業，也代表我們的天職或使命，是我們在這世上渴望成就的事（不同於我們為了謀生而做的工作）。

在天頂的星座以及鄰近天頂的任何行星，都涵蓋著我們想要被理解、被欣賞和尊重的特質，連同能為我們帶來榮耀與肯定的活動。當然我們也可能因為這些事情而變得聲名狼藉，無論如何，那是表明我們公開形象的地方。

天頂作為第十宮宮頭，傳統上代表母親。我們可以加以延伸，說它代表雙親，以及其他權威人物，介入我們的社會化過程並形塑我們的未來。如果你有子女，那麼天頂（和第十宮）暗示你對於負起為人父母職責的感覺。

上升點

天頂—天底軸線

在此我們看見天頂—天底軸線如何從第十宮宮頭到第四宮宮頭，由南至北分割星盤。

天底

對於這條軸線而言，樹的形象頗有用處。天底（在普拉西德〔Placidus〕宮位制中為第四宮起點）構成樹根，因此我們可以將這個點想像成代表我們的根柢，連結到家族、先祖和過去。天底是構成我們的基礎，關乎我們的早年生活、家和我們為自己創造的家庭。我們認

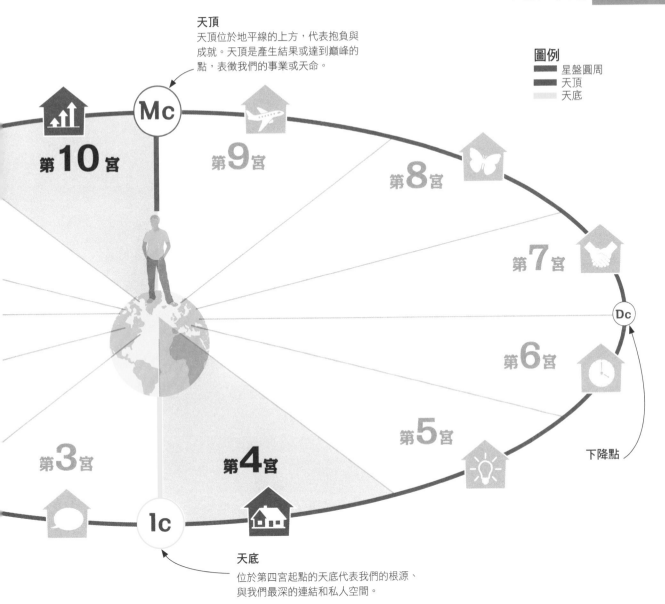

天頂
天頂位於地平線的上方，代表抱負與成就。天頂是產生結果或達到巔峰的點，表徵我們的事業或天命。

圖例
■ 星盤圓周
■ 天頂
■ 天底

Mc

第10宮

第9宮

第8宮

第7宮

Dc

第6宮

下降點

第5宮

第3宮

第4宮

Ic

天底
位於第四宮起點的天底代表我們的根源、與我們最深的連結和私人空間。

為深切且重要的原則，以及內在是否穩固堅實（取決於天底星座和鄰近的行星）。

　　天底作為第四宮宮頭，傳統上代表父親。如同天頂，我們可以引申地說，天底代表雙親，其角色是作為延續家系和傳統的渠道。

> **在天頂的星座**以及鄰近天頂的任何行星，都涵蓋著我們**想要被理解、被欣賞和尊重**的特質。

月交點

平衡過去與未來

月交點是太陽軌道與月亮軌道相交的兩個點。這兩個交點在天空的兩邊對望,一邊是北交點,另一邊是南交點。神話故事中這兩個點是一條宇宙之龍的頭和尾。

星盤中的月交點

這兩個交點構成一條軸線,因此兩端之間存在著固有的緊張狀態,但也有互補性和動能合為一體的感覺。

南交點 我們容易陷入的一系列習慣模式,往往肇因於我們早年的生活,並歷經無數次重複與強化。這可能是我們視為理所當然,且可以永遠倚賴的技巧、基礎。然而同樣的,它也可能是負面、甚至具有破壞性,但我們因為熟悉而一再採用的固定模式。在南交點,我們被要求自省和擺脫不再適合我們的模式。在此我們重新利用承襲而來的完善技能和天資,與祖先和解並且讓過去的鬼魂安息。

北交點 代表將要踏上的路途和等著被創造的未來。不同於南交點,這是我們不熟悉的領域。軸線的這端挑戰南交點根深蒂固的習慣模式。南、北交點的運作方式如同軸心,具有同等的價值——我們在兩端之間來回擺動。南、北交點代表危機、重新評估與解放,接著向前移動的週期循環,兩交點按 18.6 年的週期,終生持續環繞星盤。

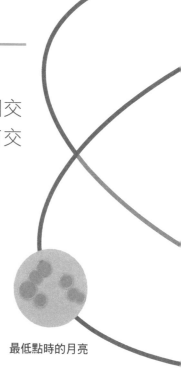

最低點時的月亮

天文學對月交點的看法

在此我們看見太陽的路徑、月亮的軌道和交點的連線。當太陽和月亮同時占據交點時,便會發生日蝕和月蝕。

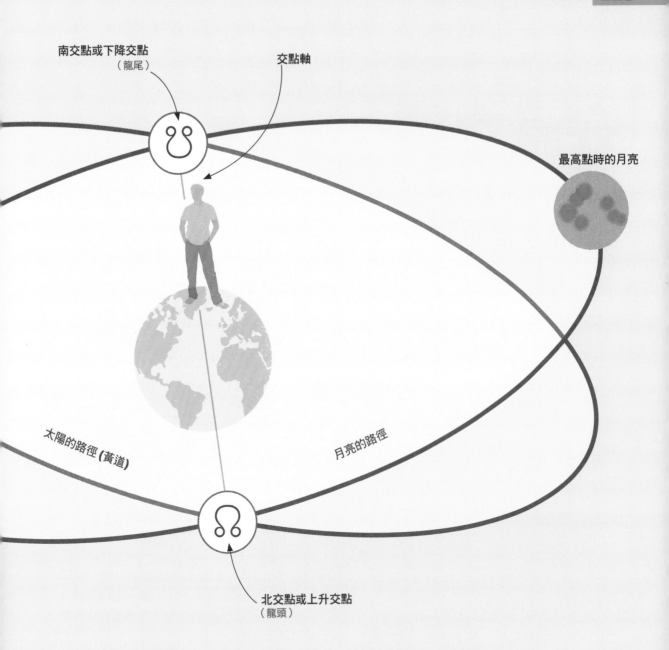

南交點或下降交點
（龍尾）

交點軸

最高點時的月亮

太陽的路徑 (黃道)

月亮的路徑

北交點或上升交點
（龍頭）

> 南、北交點代表**危機**、**重新評估與解放**，接著**向前移動**的週期循環，這種型態終生持續著。

守護之輪

黃道星座的守護行星

每個星座都由與它最相似的行星所守護。傳統占星學只使用從太陽到土星等七顆「傳統」行星，而現代占星學將天王星、海王星和冥王星增添至守護系統中。

運用星盤的守護概念

星盤中的每個事物都占據某個黃道星座。你的行星會分別對應至特定的星座，而四個軸點（上升點、下降點、天頂和天底）以及宮頭，連同交點軸和占星師可能使用的其他要素都是如此。

行星或軸點所在的黃道星座，告訴我們該行星或軸點如何表現自己。宮頭（亦即宮位的起始點）所在的星座，指出我們如何處理該宮位的議題和活動。因此星座會修改置於其中的任何事物。

該星座的守護星接著會提供我們關於行星、軸點或宮頭如何表現自我的進一步訊息。例如，如果某人的太陽在摩羯座，土星（守護摩羯座）會進一步告訴我們，是什麼塑造了他的身分認同和人生目標。我們可以接著找出其人土星在星盤中的位置，如果它位於第七宮，那麼忠誠堅定（土星）的關係（第七宮）將是此人生命旅程的核心（太陽）。如果你的第十一宮宮頭位於處女座，處女座及其守護星水星，加之水星在星盤中的位置，將會形塑你的友誼樣貌。

行星守護

在此我們看見每顆行星守護的星座。太陽守護獅子座，而月亮守護巨蟹座，接下來每顆傳統行星守護從土星向外分布的下兩個星座。凱龍星沒有確立的守護星座。

> 星盤中的每個事物都占據某個**黃道星座**。你的**行星**分別對應至特定的星座。

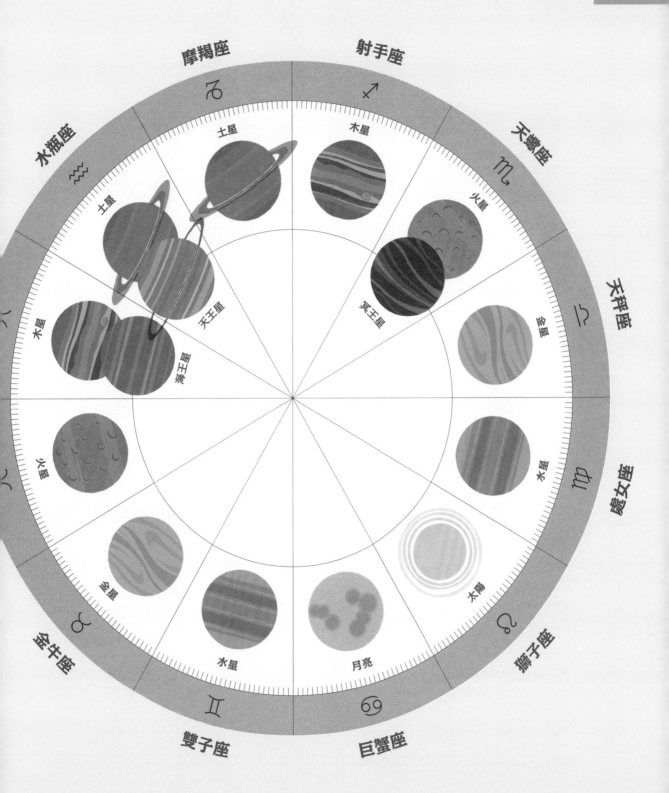

「⋯⋯星盤是藏寶圖，搜尋你內在的寶藏。」

金・法利(Kim Farley)
《占星學之旅：繪製占星學的發現之旅》
(*Journey Through Astrology: Charting the Astrological Voyage of Discovery*)

相位

星盤中的動態關聯

相位是星盤中行星之間、行星與軸點或南北交點之間的動態關聯。這些關聯反映內在心理模式的動向。

相位與數字符號系統

　　相位以數字符號系統為基礎。每種相位都是依據分割星盤圓周，藉以形成角度關係的根數所構成。

　　大多數占星師會運用本書所列出的基本相位組。以名為「主要相位」的1、2、3、4和6為依據，構成星盤的主要動態。以8和12為依據的相位稱作「次要相位」，亦有其影響力。

　　對分相和四分相是「強硬相位」。半四分相、八分之三相、半六分相和十二分之五相，在本質上也是強硬相位。這些相位是依據反映緊張和摩擦的數字而定。三分相和六分相是「柔和相位」，以數字3為依據，代表能量和諧流動。

　　每種相位都有「容許度」，意思是在加減一定度數的範圍內仍然有效。容許度越緊密，我們的感受越強烈，這有點像照相：在某個點上，影像清晰（準確），其效果也會因影像失焦而減弱。

　　占星師對於容許度的見解不一，不過右側的相位表是認識相位不錯的起點。主要相位的容許度高於次要相位。

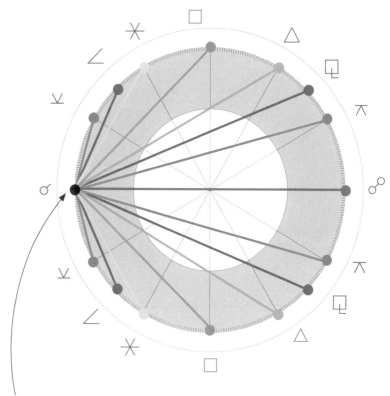

相位顯示
兩顆行星
或星盤輪上的點，
彼此之間的
角度關係。

主要與次要相位

這個輪圖描繪星盤中所有主要相位，以及常見的次要相位。請參看右側的相位說明。

	圖例	
☌		合相
☍		對分相
⚻		十二分之五相
⧎		八分之三相
△		三分相
□		四分相
✳		六分相
∠		半四分相
⎦		半六分相

主要相位

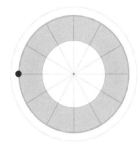

合相
根數 **1** 符號 ☌ 角度 **0°** 容許度 **8°**

合相的行星之間保持和諧的關係,彼此密不可分,其能量融合成某種「第三勢力」。

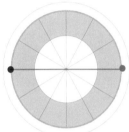

對分相
根數 **2** 符號 ☍ 角度 **180°** 容許度 **8°**

對分相行星反映出衝突所產生的內在困境。我們可能因認同某一面而投射出另一面,無意識地在關係中展演衝突。

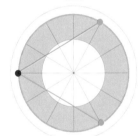

三分相
根數 **3** 符號 △ 角度 **120°** 容許度 **8°**

三分相創造行星之間自然而然的能量流動,代表讓我們感覺輕鬆愉快的才能和事物。然而,我們可能會將之視為理所當然,而不去培養更進一步的能力。

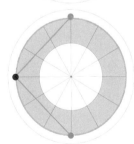

四分相
根數 **4** 符號 □ 角度 **90°** 容許度 **8°**

呈四分相的行星大多極富生產力,呼應其「準備迎接挑戰」的表現。在此我們可能會受到抑制而無法完全展現驅力,但同樣的,我們也正在努力磨練技巧,使之臻於完善。

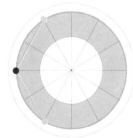

六分相
根數 **6** 符號 ✶ 角度 **60°** 容許度 **4°**

在六分相中我們受到激勵,決心付出多一些努力,且能事半功倍地表達出六分相所象徵的事物。我們往往樂於享受這種行星結合所產生的忙碌創造力。

次要相位

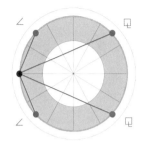

半四分相
根數 **8** 符號 ∠ 角度 **45°** 容許度 **2°**

八分之三相
根數 **8** 符號 ⟁ 角度 **135°** 容許度 **2°**

這兩種相位的性質類似於四分相,不過強度不同。如同四分相,我們希望自己的努力產生具體的成果,為自己設定了目標。

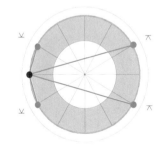

半六分相
根數 **12** 符號 ⌄ 角度 **30°** 容許度 **2°**

十二分之五相
根數 **12** 符號 ⊼ 角度 **150°** 容許度 **2°**

這兩種相位可能會造成挫折,使我們付出努力後產生挫敗感。這是需要我們有意識關注的盲點、欲望或技能,以期有所成就或達到目的。

相位型態

星盤中的動能

占星學承認特定相位組合所形成的若干型態。每個型態代表一種複雜的心理動力、極大的才能與潛力來源，但本身也存在著固有挑戰。

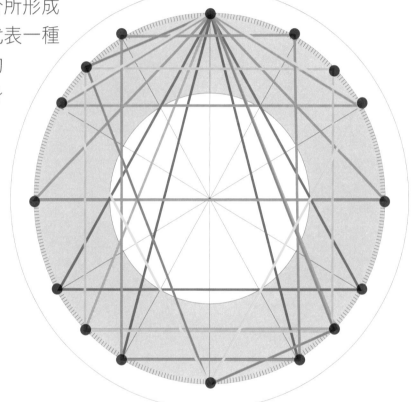

行星的連結

相位型態是三顆或更多顆行星的組合，共同創造出內在固有的行為模式。

圖例

T形三角（T形十字）
大十字
風箏
大三角
小大三角
艱困矩形
神祕矩形
世界的手指
上帝手指

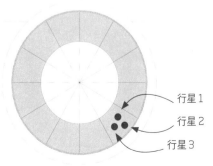

行星1
行星2
行星3

星群匯聚

這並非嚴格定義的相位型態，而是相同的星座或宮位擁有三顆以上的行星。星群匯聚將使你聚焦某個生活層面，甚至產生執迷。星群匯聚具備主觀的特質，因此有多顆行星會合的人，可能會抗拒來自外界的意見和挑戰。同樣的，這也可能代表專精某一領域。

四分相型態

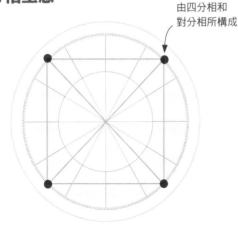

由四分相和對分相所構成

大十字

由兩個對分相所構成，意味著這個相位型態擁有四個四分相。大十字暗示高能的動態，例如極大量的工作和努力，但沒有頂點行星的「逃避路徑」。

對於擁有大十字相位的人來說，挑戰始終存在，生活永無寧日，會有活得像超人的感覺，或因此成為環境的犧牲品。兩個對分相代表有兩組內在的矛盾需要解決；而四個四分相則有不間斷的任務、挑戰，以及在達成任務的過程中，必要的能量消耗。

大十字相位會有創始、固定或變動這三種不同的類型。創始能量是離心的能量，使得創始大十字像部發電機；固定能量是向心能量，意味著固定大十字含有大量的內在張力，往往會在極大壓力下爆發；而變動能量使變動大十字像是動個不停的舞者。

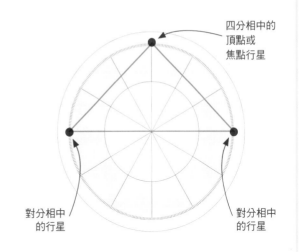

四分相中的頂點或焦點行星

對分相中的行星

對分相中的行星

T 形三角（或 T 形十字）

由對分相的兩顆行星，加上與這兩顆行星形成四分相的第三顆行星所構成。形成四分相的行星稱作頂點或焦點行星。

對分相反映內在張力、衝突或矛盾，以及想要結合兩顆行星投入共同活動、才能、經驗或行為模式的欲望。

頂點行星得到兩個四分相，意味著大部分的能量移動在此發生。它驅動對分相的和解與融合，但也可能加重兩者之間的緊張狀態。頂點既可作為釋放點，也可能是障礙。

T 形三角（除非「分離」）有創始、固定或變動三種類型。創始 T 形三角是緊迫、動態且強而有力的；固定 T 形三角具有抵抗力，能持久努力；而變動 T 形三角會產生極大的不安，需要不斷移動和改變。

 對於擁有**大十字**相位的人來說，**挑戰始終存在**，生活永無寧日。

三分相型態

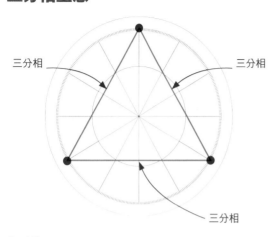

三分相　三分相

三分相

三分相

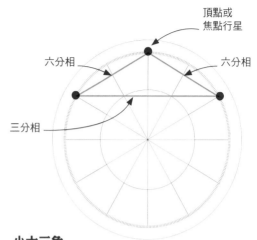

頂點或
焦點行星

六分相　六分相

三分相

大三角

　　由三個三分相構成的三角形，其特色是順暢的能量流動。大三角反映出彷彿不費吹灰之力就能產生結果的天賦才能。大三角呈現出三分相令人滿意的愉悅感，描述順暢且往往被視為理所當然的行為和活動。

　　除非其中一個邊分離，否則三大角中的行星會落在屬於相同元素（火、土、風、水）的星座。

 火象大三角帶來從容的自信，以及生命獲得支持的感覺——享受冒險或內在的自我肯定感。

 土象大三角暗示在物質世界中的「好運」、創造實際的物品，以及從中獲得的樂趣。

　風象大三角具備良好的溝通技巧和社交互動的天分。可能有廣泛的興趣，喜愛閱讀和學習，並具備語言能力。

 水象大三角暗示對情緒的敏銳度，有高度的同理心和更洞悉深層心理的能力。

小大三角

　　由兩顆呈三分相的行星，加上一顆與這兩顆行星形成六分相的頂點行星所構成。由於得到兩個六分相，聚焦的頂點會帶來具有創造性的活動和動力，成為三分相才能的出口。

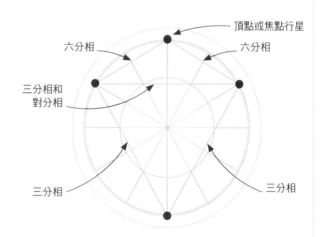

頂點或焦點行星

六分相　六分相

三分相和
對分相

三分相　三分相

風箏

　　由一個大三角與一個小大三角所構成，形成風箏的形狀。此型態結合了大三角輕鬆不費力的潛能和兩個六分相的忙碌創造力，以及對分相帶來的張力。當中存在一顆明顯的頂點或焦點行星，它刺激行動，並為培養大三角的潛在能力提供動機。

矩形型態

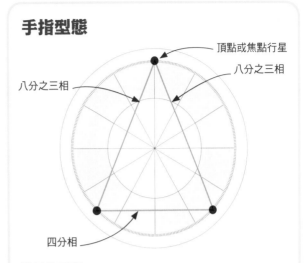

神秘矩形

　　由兩個對分相所構成，端點連結出兩個六分相和兩個三分相。這兩個對分相在此透過三分相和六分相提供的自信和機會，獲得解決問題的辦法。我們可以視該相位型態為替艱難的困境找到創意解方的才能。

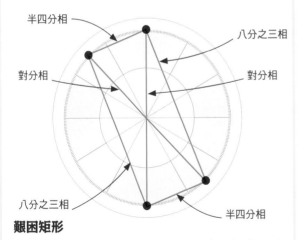

艱困矩形

　　由兩個對分相所構成，端點連結出兩個半四分相和兩個八分之三相。這四個次要強硬相位會產生永久的緊張感。當中不存在頂點行星，因此沒有領導行動的出口，會造成工作無法徹底完成的感覺。

手指型態

（圖：頂點或焦點行星、八分之三相、八分之三相、四分相）

世界的手指

　　由兩顆彼此呈四分相的行星，加上一顆與這兩顆行星形成八分之三相的頂點行星所構成。當中可能產生大量有意識的工作和努力，頂點行星的天賦將獲得培養，也是四分相行星表達緊張動能的管道。

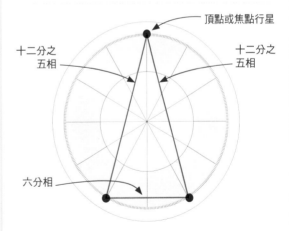

上帝手指或命運的手指

　　由兩顆彼此呈六分相的行星，加上一顆與這兩顆行星形成十二分之五相的頂點行星所構成。此人得努力喚醒六分相的天賦，因為頂點行星可能感覺力有未逮。所以這個相位型態會在我們能前進之前，產生需等待某件事情發生的感覺。

編製星盤

時間、日期和地點

要推算星盤，你只需要知道出生時間、日期和地點。你可以查找星曆表和宮位表，以手工方式編排，但大多數占星師都會走捷徑，使用占星程式。

出生時間

　　大多數的人都知道自己的出生日期，但能查出準確出生時刻會更好。天頂和天底每兩小時會通過一個黃道星座，上升點和下降點通過每個星座平均也只需兩個小時，移動過程相當快速，不到一個小時的差異，就會大幅改變星盤的樣貌。

　　如果你完全不知道自己的出生時間，便無法建立完整的天宮圖。只能編排出「扁平的」星盤，缺少四個軸點和宮頭，使你遺失大量基本資訊。月亮的位置也會是問題，因為月亮平均每天在黃道上移動13°11'。

　　我們值得盡一切努力來尋訪自己的出生時間。在某些國家，出生時間記載於出生證明書，但其他國家則不然；戶政事務所會提供詳細的出生證明書，其中也包括你的出生時間。醫院同樣會記錄出生時間，家族紀錄和嬰兒名冊也幫得上忙。在缺乏書面證據的情況下，家族成員往往是天賜的幫手，他們或許記得你「大約在吃完中餐後出生」或「似乎在傍晚」，給你一個推算的起點。如果你沒有任何紀錄，有些專業的占星師會「校訂」星盤，這是一種需要技巧的核查過程，將你人生中的重要日期和事件與占星學象徵星進行比對，以求得可能的出生時間。

出生地

　　關於地點，盡可能地準確會有幫助，不過如果你出生於鄉間地區，那麼最近的城鎮已足以作為你的出生地。占星程式通常會列出不同城市的區域和郊區，以便產生最準確的星盤。

　　如果附近沒有城鎮，只使用出生地的座標也行。

編排星盤

　　在占星程式問世之前，許多年以來占星師皆以手動方式推算星盤。現在仍然可以這麼做，而且優質的占星訓練課程都會教你如何進行，因為在過程中你會學習到關於星盤的諸多基本細節，以及星盤的種種構成要素如何而來。手工推算和繪製星盤是件神奇的事，將使我們與占星傳統重新連結。然而，大多數占星師是運用程式推算和列印星盤，有些占星程式廠商會提供免費試用版。

　　你無須去找占星師或取得占星程式，就可以從網路上取得你的星盤。有些線上網站會免費推算你的星盤。如果你是占星新手，某些程式所產生的星盤可能有點難以閱讀，那麼 astro.com 和 alabe.com，「占星之門」會是不錯的起點（參閱 pp.244-45）。

時間的重要性

正確的出生時間可以產生最正確的星盤。如果沒有出生時間，將無法推算出軸點和宮頭。

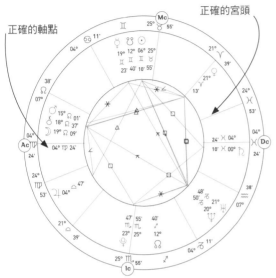

已知出生時間的星盤
本圖顯示四個軸點行星的宮位所在

正確的軸點

正確的宮頭

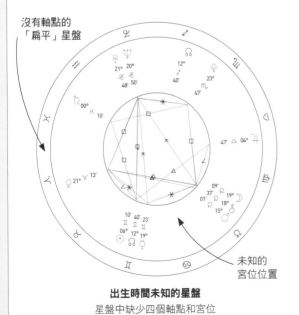

沒有軸點的
「扁平」星盤

未知的
宮位位置

出生時間未知的星盤
星盤中缺少四個軸點和宮位

十五分鐘的差異

雙胞胎會有非常類似的星盤，但往往存在幾個重大差異。以下是出生時間相隔十五分鐘的星盤。

第十二宮的太陽

第十一宮的月亮

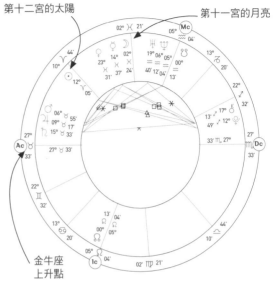

金牛座
上升點

雙胞胎甲

這兩個雙胞胎都擁有水瓶座天頂，但雙胞胎甲上升點落在金牛座、太陽第十二宮和月亮第十一宮。

第十一宮的太陽

第十宮的月亮

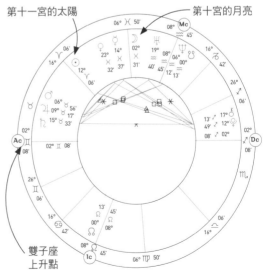

雙子座
上升點

雙胞胎乙

雙胞胎乙上升點落於雙子座、太陽第十一宮和月亮第十宮。海王星也改變了宮位。

解讀整張星盤

初始步驟

在你運用你的知識詮釋星盤之前，不妨先有條不紊地檢視每個星盤要素在你的性格全貌和人生故事中所扮演的角色。以下是你需要思考的事項。不妨一邊想，一邊做些筆記。

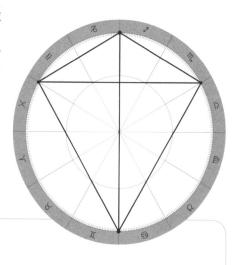

相位型態範例
找尋例如圖中風箏的任何相位型態（參看步驟6）。相位型態對你的星盤有重要影響。

步驟1：**第一印象**

缺失的極性、型態或元素會強力塑造一個人的性格和動機。
我們也可以探索星盤中的行星分布。

	個人行星					社會行星	
	☉	☽	☿	♀	♂	♃	♄
	太陽	月亮	水星	金星	火星	木星	土星

》極性／元素／型態的平衡
只用上七顆個人和社會行星（太陽至土星）及上升點。

》行星的分布
透露出對公共／私人和自我／他人層面的基本傾向。
為此用上全部十顆行星，加上凱龍星。

上半部
上半部位於地平線上方。若大多數的行星落於上半部，暗示嚮往外面的世界和公開的生活。

東半側
若在東半側擁有大多數的行星，暗示聚焦於自我。

下半部
下半部位於地平線下方。若大多數的行星落於下半部，暗示需要比較私密的空間，過著遠離眾人目光的生活。

西半側
若在西半側擁有大多數的行星，暗示聚焦於關係與合作。

步驟2：**軸點**與**星盤命主星**

上升點顯示你迎向世界的風格，而其守護星（命主星）則描述展開你人生故事的重要領域。

下降點與上升點相配合，成為自我與他人的軸線，而天頂—天底軸線顯示私人與公共生活之間的交互作用。你可以先分別詮釋每個軸點，再思考成對軸線的意義。

請注意：

》**上升星座**

》**下降星座** 與上升點對照。

》**命主星** 注意它占據哪個星座和宮位，以及與其他行星形成的相位。如果水星、金星、火星、木星或土星是你的命主星，可查看它是否也守護你星盤中的其他宮位。

》**下降點守護星** 所在的星座、宮位和相位。

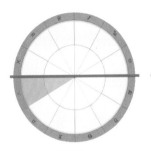

上升點

座落於你星盤東方地平線的是哪個星座？

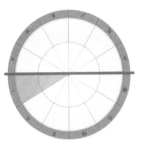

下降點

座落於你星盤西方地平線的是哪個星座？

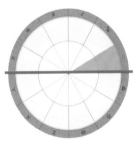

命主星

命主星占據哪個星座和宮位？

下降點守護星

下降點守護星占據哪個星座和宮位？

在**天頂—天底軸線**重複相同步驟

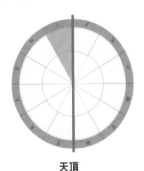

天頂

第十宮宮頭占據哪個星座？

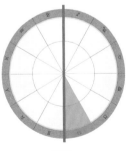

天底

第四宮宮頭占據哪個星座？

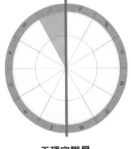

天頂守護星

天頂守護星占據哪個星座和宮位？

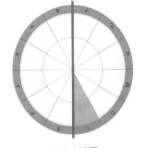

天底守護星

天底守護星占據哪個星座和宮位？

》**行星與軸點合相**

落入軸點（起始宮行星）8°容許度範圍內的任何行星，將大幅強化你在該軸點上的經驗。

起始宮行星

在軸點的8°容許度範圍內合相。

接續下頁 >>

步驟3：**太陽**與**月亮**

連同星盤命主星，太陽和月亮是你的核心驅力。請按星座、宮位和相位加以探索，並留意其所支配的宮位。

核心驅力

☉ ☽
太陽　月亮

步驟4：**個人**與**社會行星**

探索其餘的個人行星（水星、金星和火星），以完備人格的內在核心，接著再探索暗示社交、社會經驗的社會行星（木星和土星）。

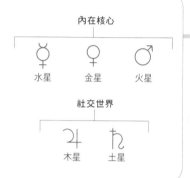

內在核心

☿ ♀ ♂
水星　金星　火星

社交世界

♃ ♄
木星　土星

步驟5：**凱龍星**與**外行星**

凱龍星和外行星是強而有力的存在，可能與個人行星或軸點形成主要相位。此時請留意其星座和宮位所在，以及所形成的相位，還有每顆外行星支配的宮位。

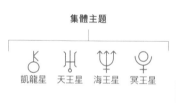

集體主題

⚷ ♅ ♆ ♇
凱龍星　天王星　海王星　冥王星

步驟6：**相位型態**

瞭解每顆行星的概要後，你便更容易發現相位型態。並非所有行星都會出現相位，但如果產生相位，會形成重要的動力。

步驟7：**月交點**

一旦我們瞭解星盤的其餘部分及其主題，便能深化交點軸的意義。

月交點

☊ ☋
北　南

辨識星盤主題

詮釋星盤的主要工作是找出其中最重要的特徵。我們在此搜尋線索，編織出明確的主題，以及每個星盤所包含的張力和矛盾。

步驟 1：辨識關鍵的占星學要素

上升點、命主星、太陽和月亮

這些是星盤中最重要的四個要素，定義出你的自我形象和世界觀（上升點和命主星）、你的英雄目的（太陽）和內在的「心靈生活」（月亮）。這四個要素所支配的宮位，也反映個人表達的重要領域。

起始宮行星 與軸點（起始宮行星）合相的任何行星都是主角，我們可將其影響擴及該行星在星盤中所支配的宮位。軸點是最重要的基本生活層面—身分認同（上升點）、關係的選擇（下降點）、家／家庭（天底）和職業（天頂），與軸點合相的行星則會使該行星和軸點成為鮮明的焦點。

無相位行星 無相位行星也扮演重要角色，代表感覺難以連結或控制的內在驅力。

相位型態 相位型態反映複雜的內在模式。

凸顯和缺乏的東西

在某種元素或型態中若存在三顆或更多行星，會使之成為主導風格。另外，若缺乏某種元素或型態，也會造成影響。滿滿的宮位或空置的半球，同樣都值得留意。

容許度最緊密的相位

這樣的相位通常可以被強烈地感知。「緊密」是相對的說法。舉例來說，如果我們的最大容許度是8°，那麼1°的容許度對四分相而言是緊密的。另一方面，1°的容許度對八分之三相而言並不緊密，因其最大容許度只有2°。緊密的主要強硬相位是星盤的核心。

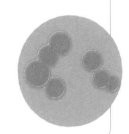

步驟 2：辨識主要主題

當兩個或三個星盤要素全指向類似的方向，主題於焉浮現。而且當主題涉及以上列出的占星學要素時，又會再次強化它的重要性。

同時，我們需要思考星盤的強項——主要技能和天賦，以及圖中包含的挑戰、張力與矛盾。沒有所謂「好」或「壞」的星盤，每幅星盤各有其困難層面和正面潛能，沒有錯，這些其實都是一樣的。

「**占星事件**可能與我們想像、**猜想或預言**的結果相當不同，但如果我們**敞開心胸看待**，將可見其展現出占星學的象徵性。」

理查・艾德蒙 (Richard Idemon)
《鏡中世界：在關係的鏡子中搜尋自我》
（*Through the Looking Glass: A Search for the Self in the Mirror of Relationships*）

個案研究一

阿曼達

在此我們利用按摩師暨作家阿曼達的星盤，來呈現詮釋星盤的過程。她的興趣包含戲劇、心理學、靈修和身心關係。她富有政治意識，是活躍的環保運動人士。

步驟1：辨識重要的占星學要素

上升點與命主星

上升點與命主星 她的**天蠍座上升點**暗示謹慎的態度和強大的直覺雷達，對情感暗流敏感，渴望洞察表面之下的事物。加上星盤**共同命主星火星**，這種深度讓阿曼達能以行動追求平衡與對稱（在天秤座的火星），進而影響社群（在第十一宮的火星）。

火星—凱龍星合相道出了阿曼達運用按摩工作療癒他人，而**火星—海王星**合相則為她增添了藝術氣息和敏感度。**火星**守護的牡羊座橫跨第五宮和第六宮，因此總共支配了星盤中的三個宮位，這進一步增加了火星的重要性，且與創造力／子女（第五宮）以及日常工作和身體健康（第六宮）有極大關聯。

另一個星盤**共同命主星冥王星**位於

第九宮的獅子座。冥王星獅子座是阿曼達的世代人人共享，但**第九宮**是她個人的宮位：她會深入探索以發掘人生重大問題（第九宮）的終極（冥王星）答案。

太陽和月亮
她的**太陽處女座**位於天頂，暗示突出的公共角色是她表現自我的媒介。**處女座**則暗示精湛的手藝，她十分適合從事按摩工作，且為自己的職業能促進他人的身體健康感到自豪。

太陽並沒有守護的宮位，但支配阿曼達**第九宮**的三顆行星，因此她堅定且渴望追求三顆行星所代表的高深知識，並透過**與天頂合相的太陽**展現而出。

月亮位於第**十二宮的天蠍座**，這是一個非常私密的位置。她

的情感雖然含蓄但會被深刻地察覺，也有強大的情緒雷達，可能不會公開表明個人需求。**與土星的精確四分相**，使之成為這個星盤中最具影響力的相位，表現渴望獨立自持的主題。**與木星合相**則增添積極性和獨立性。

月亮守護第九宮，再度凸顯旅行和學習的重要性；因為月亮的守護，使上述領域連結到阿曼達的內在心靈生活（月亮）。這種「旅行」可能多半是內在世界的探索，且帶有抽象性質。

起始宮行星 連同太陽，**水星**也**與天頂合相**。此外，這兩顆行星互相占據對方所守護的星座，使彼此產生關聯，強化了靈巧的手工、技藝，以及溝通技巧，成為阿曼達發展事業的重點。

無相位行星 無

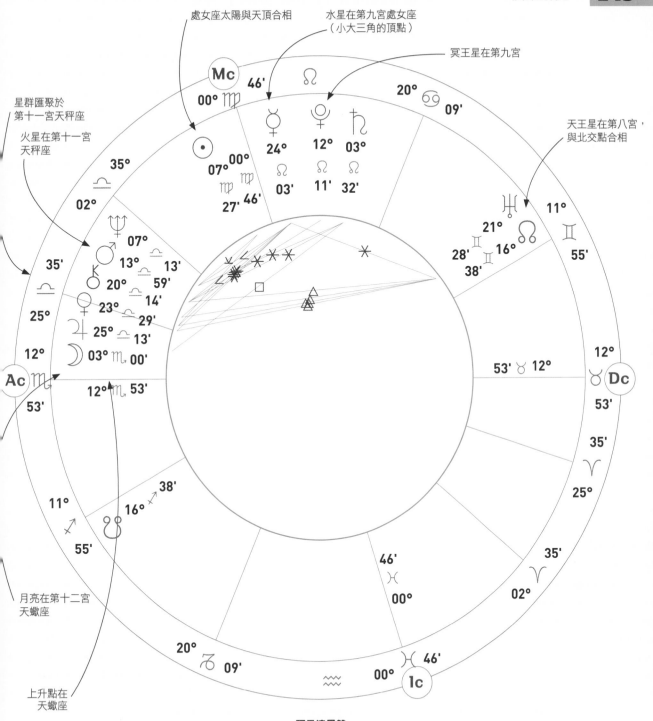

處女座太陽與天頂合相

水星在第九宮處女座
（小大三角的頂點）

冥王星在第九宮

天王星在第八宮，
與北交點合相

星群匯聚於
第十一宮天秤座

火星在第十一宮
天秤座

月亮在第十二宮
天蠍座

上升點在
天蠍座

阿曼達星盤
第九、十和十一宮是重要宮位，將阿曼達
連結到旅行、哲學和社群的領域，形塑她對
公眾角色或形象的需求。

接續下頁 >>

相位型態 匯聚於**第十一宮的天秤座星群**強調出這個星座和宮位。公平與公正以及關係和社交互動成為重要動機，上述全都以社群為核心。**火星**與**木星**的熱忱和激勵、**金星**與**海王星**的藝術性，以及**凱龍星**「受傷的治療者」面向，共同創造出美麗、活力充沛的療癒之舞。

小大三角（涉及天王星、凱龍星、金星、木星和水星）增添由戲劇化表演（作為頂點行星的水星位於第九宮獅子座）所激發的「另類治療者」形象。

被凸顯和缺乏的事物 太陽支持土象功能，作為自我表現（太陽）的媒介，強調出阿曼達與身體層面（土元素）的關係，而這可能是她喜愛自然世界的原因之一。太陽也是唯一位於變動星座的行星，因此她可能亟需透過工作或為人父母的角色（天頂）來培養彈性。

上半部包含全部的行星，她的焦點放在外在世界與人際領域。東半側比西半側更占優勢，因此儘管在天秤座的行星暗示對關係的需求，但她會感覺到自己是推動者。

容許度最緊密的相位 除了月亮一土星四分相外，冥王星與上升點一下降點軸線形成緊密的四分相。阿曼達的人生或許會不斷出現風格迥異的新篇章，其間對旅行、教育或對倫理產生的質疑（在第九宮的冥王星）可能催化出戲劇化的轉變。這些變化將會改變她對自己的身分認同（上升點）和關係（下降點）。

步驟2：**辨識主要主題**

轉化與重生

阿曼達可能經歷轉化與重生的週期，她的人生因而有截然不同的篇章，分隔成若干不穩定和變化的時期。

》 **天蠍座上升點**，高踞於星盤上方的守護星**冥王星**，
   與上升點一下降點軸線形成緊密的**四分相**
》 在**天蠍座**的**月亮**
》 **天王星**在**第八宮**與**北交點**合相
》 在天頂（連結太陽）的起始宮**水星**守護**第八宮**

達觀的想法

阿曼達可能具備哲學家的思維傾向，喜歡深入探究、找尋複雜問題的答案。還可能對靈性和玄祕事物感興趣。

》 **天蠍座上升點**，在**第九宮**的守護星**冥王星**
》 **土星**和**水星**也在**第九宮**
》 在**第九宮**的**土星**也守護**第三宮**
》 **天蠍座月亮**守護**第九宮**，並與第十一宮的**木星**合相
》 **天王星一北交點**在**第八宮**合相
》 在**天頂**的起始宮**水星**守護**第八宮**

擔任治療者的職業

阿曼達的職業是治療師，其星盤顯示她受到上天祝福的療癒天分。「治療」身體的概念在此展現，熟練操作身體，使其釋放緊張並帶來療癒。

》 星盤共同命主星**火星**與**凱龍星**合相
》 星盤共同命主星**火星**也守護第六宮
》 **金星**（**第十二宮**的守護星）與**凱龍星**合相
》 **天蠍座上升點**和**月亮**
》 起始宮**水星**守護**第八宮**
》 **太陽**位於**處女座**以及**天頂**（太陽是唯一的土象行星）

社會與政治意識

阿曼達可能具備強烈的社會與政治意識，對於倫理道德議題和社會公平的概念感興趣。這可能是她人生的重要支柱。

》 **第十一宮**有**星群匯聚於天秤座**，包括**木星**在內
》 **天秤座金星**在第十一宮並守護**第十一宮**
》 三顆行星在**第九宮**
》 **第九宮**守護星月亮與**木星**合相

敏感性

阿曼達的星盤暗示極高程度的敏感性和「第六感」，亦即瞭解「振動」與不言而喻的溝通能力。她擅長洞察表面之下的事物。

》 **天蠍座上升點**
》 天蠍座**月亮**在第十二宮
》 **天王星**在第八宮
》 **水星**守護第八宮

寫作能力

寫作是阿曼達的潛在才能。顯眼的太陽和水星意味著對阿曼達而言，將溝通技巧運用在工作中，並作為傳達其創造力的媒介是重要的。

》 **水星**和**太陽**在天頂，互相支配，而**水星**守護天頂
》 **北交點**在**水星**守護的**雙子座**
》 在**第九宮**的**土星**守護**第三宮**，並與**月亮**形成**緊密的四分相**

關係

各種關係可能都是一致的主題，但處理起來帶有一些緊張。天秤座金星（下降點守護星）會追求平和、關愛和深情的關係，但它也與獨立自主的天王星在北交點（命中注定的相遇）形成三分相。與土星形成四分相的月亮天蠍座獨立自持，行星較偏重於東邊。因此阿曼達對關係有嚮往，但同時也需要個人空間及自主性。

》 **星群匯聚於天秤座**，包括星盤共同命主星**火星和金星**（下降點的守護星）。
》 **天蠍座月亮**與**土星**形成四分相
》 **金星**與**第八宮**的**天王星和北交點**形成**三分相**
》 **東半側**占主導地位

個案研究二

傑克

在此我們利用傑克的星盤，呈現詮釋星盤的過程，他是房地產仲介。努力工作的傑克有強烈的企圖心，最終想要經營自己的事業。他喜歡旅行，夢想是定居美國。

步驟1：**辨識重要的占星學要素**

上升點與命主星

上升點與命主星 傑克的**上升點**位於**處女座**，因此他接觸新事物時會注意是否有效率及合宜與否，且帶著挑剔的眼光。而**雙魚座下降點**，暗示他在人生中可能得努力培養同理心與不那麼理性分析的風格，這個課題尤其會出現在與他人的關係中。

☿ **水星**是他的命主星，位於**第五宮**的**水瓶座**。顯示出他喜歡資訊網路和社交活動，的確，傑克視他的溝通能力為重要的「名片」（水星作為命主星），使他能表現心智創造

力（在第五宮的水星）。水星水瓶座傾向於開放和誠實的溝通，具備邏輯天分和創新的能力。水星也主宰他的**雙子座天頂**。

☉☾ **太陽與月亮** 太陽雙魚座位於**第六宮**，與**北交點**合相。這可能反映出他對自己命運的強烈感覺，但也是找尋身分認同、創造性表達和真實目的感（太陽與北交點合相）的一段人生旅程。答案可能會透過某種實際的服務（雙魚座，第六宮）被發現。太陽守護他的第**十二宮**，強化其總是透過幕後角色發光的性格。

起始宮行星 無

無相位行星 無

相位型態 有兩個T形三角。兩者都涉及**火星一冥王星**對分相，月亮是其中一個頂點，金星是另一個。火星一冥王星對分相帶來對金錢力量（在第二宮的冥王星）的渴望，驅使他大膽決然地創新（火星位於第九宮的金牛座）。傑克個性果敢，不屈不撓。在**第十一宮**的**獅子座月亮**勇敢外向，需要觀眾；在**第五宮**的**水瓶座金星**喜好交際且友善。兩者都得到火星一冥王星對分相造就的頑強力量支持，在此將能量灌注到建立關係和找尋被認可的機會。

> ❝ **極性**略微偏向**陰性**星座，賦予傑克**內向**非外向的表現。❞

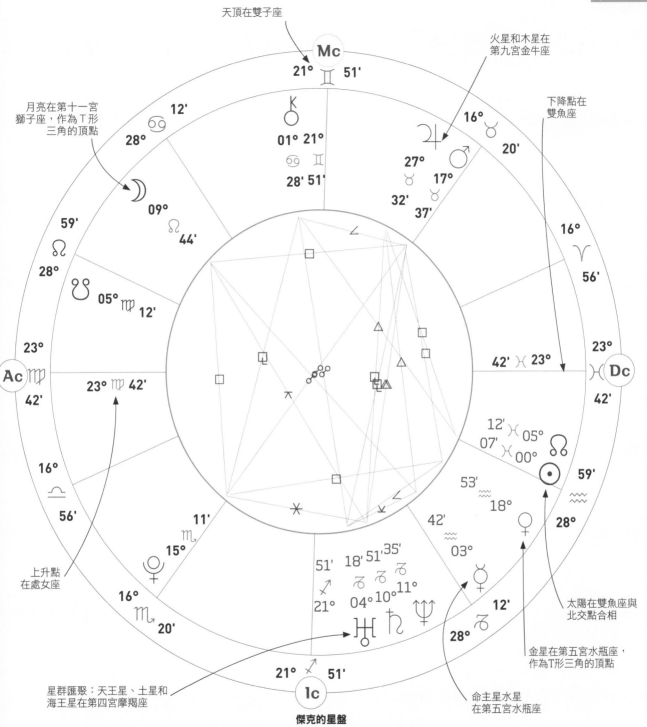

天頂在雙子座

火星和木星在
第九宮金牛座

下降點在
雙魚座

月亮在第十一宮
獅子座，作為T形
三角的頂點

上升點
在處女座

星群匯聚：天王星、土星和
海王星在第四宮摩羯座

太陽在雙魚座與
北交點合相

金星在第五宮水瓶座，
作為T形三角的頂點

命主星水星
在第五宮水瓶座

傑克的星盤

兩個固定T形三角確保堅持的力量，而月亮獅子座和
在第九宮的火星／木星，暗示他是愛冒險的創業家。
雙魚座太陽增添服務精神。

接續下頁 ≫

被凸顯和缺乏的事物 極性略微偏向陰性星座，這賦予傑克偏內向而非外向的特質。我們可以注意到他的**月亮獅子座**使他擁有表演者的直覺，但整體來看，這個星盤似乎更關注自己。他是堅持到底的人，有五顆行星落在固定星座，帶給他韌性和決心，但有時或許也會陷入困境——在個人和社會行星中，只有**土星**位於創始星座，因此他可能得花些時間，從頭展開每個新計畫或人生階段。

土元素是星盤中最顯著的元素，接下來是風元素——傑克在性格上可能有些許一板一眼，不習慣戲劇化的場面或表露情感。他的太陽是唯一落入水象星座的行星，位於北交點，因此他人生中的部分挑戰可能是想辦法發展自我熱情的那一面。

第四、第五、第六宮和第九宮被凸顯出來，每個宮位都包含不止一顆行星或交點。在**第四宮**的**天王星**、**土星**和**海王星**暗示對傑克而言，家與家庭是重要領域，儘管容易遭遇某種拉扯推拒，天王星意味他的居住地點可能會不停變動，但土星需要安定在一個地方，而海王星渴望「理想的家」。

♂♃ **火星與木星**在第九宮反映出傑克對旅行和見識世界的渴望，他縱使熱愛美國這個「機會之地」（在第九宮的木星），但同時受到前往異地冒險（在第九宮的火星和木星）的想法所吸引。

容許度最緊密的相位 土星與海王星合相是容許度小於1°的唯一主要相位。金星與火星的四分相以及太陽與凱龍星三分相都略微超過1°。這些是傑克星盤中最具影響力的相位。

步驟2：**辨識主要主題**

決心

兩個T形三角提供這張星盤大量內在動能，暗示張力，同時也是努力工作的能力。當中存在著對社交關係和影響力的強烈欲望（月亮和金星），兩者都與排除萬難、堅決求生的能力有關（火星—冥王星對分相）。火星和冥王星都位於固定星座：傑克可能給自己設定了需要極大堅持力方能達成的目標。

》 兩個固定**T形三角**

社交關係

社交關係的重要性在此似乎相當顯著。月亮作為他唯一的火象行星，有時會以誇大的方式出場，滿足想被關注和在團體中脫穎而出的需求。但另一方面，他落在水瓶座的行星帶來追求民主的本能，不受他人意見干涉。

》 命主星**水星**位於**第五宮**的**水瓶座**，水星也守護**天頂**。
》 水瓶座金星位於第五宮
》 獅子座月亮位於第十一宮
》 月亮主宰第十一宮

工作

為理想而服務的工作、隱身幕後或扮演提供支持的角色，可能也是傑克的興趣所在。因為目前從事房地產仲介工作，他似乎專注於第四宮行星，尤其有感於被第四宮摩羯座土星的安全感固定住，不過他星盤中的其他領域會在日後的人生中獲得發展。在第十宮的巨蟹座凱龍星可能暗示與同情心和愛心有關的專業顧問角色，而凱龍星與他的雙魚座太陽形成的緊密三分相，會使這件事情成為生活核心。

》**太陽**在**雙魚座**，太陽守護**第十二宮**。
》**處女座上升點**
》**巨蟹座凱龍星**與第十宮的**雙魚座太陽**形成三分相

精神追求

傑克的人生或許也存在對信仰和意義的探索，涉及考驗和挑戰。在這個領域裡，似乎沒有一件事情是容易的 ——T形三角涉及他的第九宮（我們尋求意義的所在），加之他的北交點連同雙魚座太陽與第九宮的木星（關乎信仰的行星）形成四分相。在他人生的某個時候，這一切可能導致他步入精神危機或迷信宗教。

》**金星**守護**第九宮**，構成 **T 形三角**的頂點。
》在**第九宮**的**火星**和**木星** —— 火星是兩個T形三角的一部分，而木星與北交點形成四分相。
》**太陽**與**雙魚座北交點**合相（並且與木星形成四分相）
》衰落的火元素 —— 只有**月亮**占據火象星座

家和家庭

家和家庭被凸顯出來，但與這個生活層面的需求產生衝突。在第四宮的天王星尋求自由和變化，土星（尤其是落入明智的摩羯座時）卻尋求腳踏實地和安全的感覺。他的天底位於受第九宮木星守護的射手座影響，總是渴望在外國居住——但有時這可能使他感覺像異鄉人、根源被切斷（在第四宮的天王星），因而思鄉（在第四宮的海王星）。

》**星群匯聚**於**第四宮**——天王星、土星和海王星
》**土星**—**海王星**形成星盤中最緊密的相位
》**射手座天底**受第九宮的**木星**守護

旅行

傑克一直知道他想要出國。在關乎旅行的第九宮有兩顆行星：木星和火星。木星是遠距離行星，在此暗示對遙遠之地的熱中——木星（雙魚座共同守護星之一）與雙魚座太陽形成相位，也守護射手座天底，因而使「住在外國」成為完美象徵。火星帶來無畏的發現精神，並與月亮（我們的歸家直覺）以及第九宮守護星金星產生關聯，強化了旅行主題。

》**火星**和**木星**在**第九宮**
》**木星守護天底**並與太陽形成四分相
》**火星**與**月亮**以及第九宮守護星**金星**分別形成**四分相**

> ❝ 在**第四宮**的**天王星**、**土星**和**海王星**暗示
> 對傑克而言，家與家庭是重要的領域。❞

瞭解
你自己

瞭解你自己
概論

解讀星盤

占星學能闡明生活的所有面向，從最普通尋常的事物，到意義最深刻重要，形塑我們人生進程的事件。每當我們有需求時，占星學總能提供有用的指引。

做自己

在這世界上，你是獨一無二的。占星學承認這點，並揭示對於身為獨立個體的你，什麼是重要的。人生不是件簡單的事，我們不停地被要求調整與適應，去融入所屬的家庭、團體和社群。星盤提醒你內在的性格樣貌和天命，具備能讓你回歸自我的力量。

占星學也提醒你，個人心理在共創發現自我的情境中所扮演的角色。我們容易感覺受制於環境，認為事情不會有任何改變，我們絕不可能達成心願。占星學提供另一種觀點，說明「自覺」是最強大的祕密武器，若你對自我有深邃的覺察，就能為自己安排人生道路、達成目的、真實活著，並找到自己的快樂與滿足。

象徵性資訊

占星學以象徵為基礎，因此星盤理所當然僅提供象徵性的資訊。星盤給予線索和概念、能夠追循的故事以及有待探索的主題。種種象徵意味著人生沒有固定不變的命運。星盤的象徵有許多不同的表現層次和方式，每一張星盤都展現其各自的生命故事。如同我們在本書中處處可見的，儘管每個象徵必須以其特有的方式進行詮釋（金星事物無關火星事物；射手座也不是摩羯座），但每個象徵都提供了大量不同的選項。最重要的是，這一切都暗示了我們握有選擇權。

就你自己的星盤而言，關鍵是在更深的層次上瞭解其運作模式，看它如何反映你的環境和生命中出現的選項，以及什麼會促使你做出往後的抉擇。

探索星盤中的生活層面

說起人生大小事，每個人都有個人獨特的需求和作風。本書接下來的內容，將提供探索每個領域的道路圖，但不是就此拍板定案，書中會教你如何分析每個領域的資訊。我們針對每個主題，列出最相關的星盤要素，這會需要你發揮想像力，將這些概念運用到星盤的解讀之中。

> **星盤**提醒你**內在的性格樣貌和天命**，
> 具備能讓你回歸自我的力量。

身分認同

如何自在地活出真實的自己

星盤是你獨特性格與觀點的化身，因此我們可以用整張星盤來表明你的「身分認同」。星盤當中的某些部分會提供非常具體的資訊，說明你感覺自己是什麼樣的人。上升點、第一宮和太陽構成這些部分的核心。

你的宮位

上升點與第一宮

星盤的這部分說明你的身體是生命力和活力的載體，同時也暗示了你對自己身為有形獨立個體的感覺。而作為出生時刻的象徵，星盤描述你來到這個世界後建立的反應模式。你的上升星座會清楚指出你對自己的感覺。例如，**雙子座上升點**帶有輕快易變的特質；**天蠍座上升點**代表比較謹慎小心的人格面貌。

第一宮的行星往往在別人眼中最為醒目，我們也以此對外呈現自我。如果你的**金星**在第一宮，你可能讓人覺得富有魅力、熱中於和每個人維持愉快的關係，以及讓事情運作順暢。對照之下，**火星**在第一宮顯得火藥味十足，可能反映會在緊急狀況下出生或早年處於鼓勵競爭的環境。如果你有行星與上升點合相，無論是位於第一宮或第十二宮，都將強烈渲染你對自我的認同感以及你對外界的感覺。

第五宮——內在的孩童

第五宮的核心是子嗣或生命力的展現。我們透過 DNA 將能量傳遞給子女，並將生命力投注在創造新計畫和愉快的消遣活動之中。在這個宮位，我們創造能表達個體性、獨特性的事物。此宮位的行星反映你擁有的內在天賦。

>> 第一宮 參閱 pp.90-91
>> 第五宮 參閱 pp.98-99

你的行星

太陽象徵我們想要散發光采、有所成就和感到自豪的部分。依據星座與宮位、太陽所形成的相位以及太陽守護的宮位（換言之，獅子座在宮頭的宮位），我們可以提升這個形象。

如果你的太陽落在第九宮的摩羯座，你可能想訓練自己擔任老師、哲學家或探險家，隨著你完成每段旅程或精通每個科目，太陽的光芒將越發耀眼。如果太陽在第十二宮與冥王星形成四分相，如此可能涉及與心魔角力──或許非常適合做個探究無意識深處的心理學家。

命主星是守護上升星座的行星，可進一步提供你對自己有何感覺的資訊。例如，如果你擁有**牡羊座上升點**，你可能自詡為戰士──星盤中的**火星**會展現出你是何種類型的戰士，以及能激發你戰意的事物。

> **行星** 參閱 pp.62-85
> **命主星** 參閱 pp.120-21

你的黃道星座

並沒有哪一個特定的星座比其他星座更能說明你對自己的身分認同，唯有星盤中行星與所在星座的獨特組合，方可說明你的脾性。例如，個人和社會行星落入**天秤座**和**天蠍座**的人，其人格會迥異於行星在**雙子座**和**巨蟹座**的人。只需看看星座的組合（包括極性、型態和元素的平衡），便可勾勒出這個人的基本樣貌。

然而，我們可以留意**獅子座**──獅子座在宮頭的宮位受太陽守護，這會是你身分認同和自我發展的關鍵。

> 第一宮的行星往往在別人眼中**最為醒目**，我們也以此**對外呈現自我**。

改變

如何順利度過生命轉捩點

改變交織在生命的旅程之中，是不可避免的事，的確，許多人積極尋求改變。我們以不同的方式面對改變，有人欣然接受，寧可不回頭，也有人覺得改變是令人厭惡的動亂。

你的黃道星座

某些星座比其他星座更能順利地接納變化。**金牛座**、**巨蟹座**和**天蠍座**特別依賴某種形式的安全感，傾向於維持現狀而非讓事情轉變。如果你在這三個星座有個人行星，那熟悉的魔鬼比起陌生的天使更教你放心。對照之下，**牡羊座**或**雙子座**喜歡定期的變化。

創始星座 牡羊座擁有身為黃道第一個星座的火熱衝勁，往往最善於應付變化。巨蟹座、天秤座和摩羯座具備讓事情啟動的創始能力，但創始星座偏好掌控。對於在創始星座擁有個人行星的人來說，改變時常只在由自己發動的情況下才受到歡迎。

固定星座 星盤中有大量固定星座的人，無論如何都傾向於停留在熟悉的狀況。固定星座傾向維持穩定，不管改變的風怎麼吹，人照樣固定不動。

變動星座 當改變即將發生，變動星座通常會有積極的反應。如果你在這些星座擁有個人行星，很可能不喜歡事情停滯不前，而願意主動自發，以確保自己總是有別的選擇——即便只是不時地移動家具，或前往不同的地方度假。

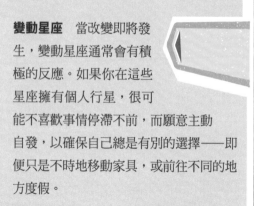

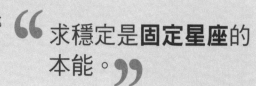

> 求穩定是**固定星座**的本能。

你的行星

☽ **月亮** 月亮是星盤中最需要查看的重要行星之一，因為月亮指出帶來舒適與安全感的熟悉節奏和習慣。我們往往按月亮所在的星座與宮位來積聚和蒐集物品。例如，月亮**雙子座**可能會收藏書本和雜誌（你打算在十年後閱讀）；月亮**巨蟹座**會保存收到的每張卡片、相片和紀念品。在極端情況下，也可能出現「囤物癖」，暗示害怕向前進。

♂ **火星** 一說到做出改變，火星必然是你的助手，而且依循其特定作風，幫助你朝感覺起來容易的方式向前進。例如，如果你的火星在**摩羯座**，它會賦予你果斷推進的能力；而在**雙魚座**的火星，可能會使你討厭做決定的壓力。

♅ **天王星** 天王星象徵徹底改變，無論位於星盤的何處，都容易遭遇定期的大變動或突發的環境變化。這是你擺脫常規、尋求自由的所在，在那領域你總是感覺到有更令人興奮的可能性在等著你——改變似乎由外而生，但往往與渴望新開始的需求不謀而合，無論你是否意識到。

≫ 月亮 參閱 **pp.64-65** **天王星** 參閱 **pp.78-79**
火星 參閱 **pp.70-71**

你的宮位

🏠 **上升點與第一宮——新篇章**
你的上升點和第一宮行星指出了引發你譜寫生命新篇章的能量。無論改變在何處發生，你的第一宮和命主星顯示出你如舵手般展開新進程的風格。

以**處女座上升點**為例，你對於事情如何展開、該如何制定良好的策略以確保事件照規畫進行，會有一定程度的焦慮。對照之下，如果你有**雙魚座上升點**，每個新階段都是以內在願景為起點，你需要牢牢握住它，直到事情出現眉目。

≫ 黃道星座 參閱 **pp.32-57**

≫ 第一宮 參閱 **pp.90-91**

不確定性

如何處理人生中的未知事物

我們全都經歷過不確定的時期，無論你多麼果決，此時似乎情況不明。你的星盤會顯示你面對未知、不確定性時會產生的憂慮，以及你如何找到出路。

你的**行星**

火星道出我們如何持續度過難關。舉例來說，我們會將雙子座、天秤座和雙魚座歸類為優柔寡斷的星座。如果你的火星落在其中一個星座又會如何？或許果斷並非你的強項，但這個星座依舊為落在其中的行星提供了策略。

如果你的火星在**雙子座**，你仍然可以做出決定，但可能需要先弄清楚造成你憂慮和恐懼的項目。藉由反問自己，你可以釐清全部的選項，直到浮現出正確的答案。

在**天秤座**的火星不喜歡選邊站，所以出現看起來像搪塞推諉的舉動，其實或許是不斷維持平衡的內心歷程。

雙魚座似乎與火星猛烈的能量格格不入。如果你的火星落入這個星座，你也許覺得難以採取行動。

但你也很可能擁有強烈的直覺，因此信任你的直覺會是關鍵。

木星是我們的願景與自信之所在，以及我們保持信仰的方式。如果你的木星落入**牡羊座**，你會大膽表現信仰，使你成為有自信做出決定的人；但如果你的木星在**摩羯座**，你會寧願保守以免讓新的冒險變得無法控制——事先規畫能增進你的掌控感。瞭解你的木星讓你能用合適的方式管理風險。

行星的週期循環提醒我們，採取行動有其時機，有時靜觀其變是更有效的方式。同樣至關重要的是，占星學告訴我們，若為了讓別人看見我們能勇敢堅定、把握住當下，而讓自己感受到壓力，結果往往會事半功倍。有時讓自己有時間撤退和仔細釐清內心的矛盾，其實是更勇敢、更具創造力的事。

» 火星 參閱 **pp.70-71**
» 木星 參閱 **pp.74-75**

> **行星的週期循環**提醒我們，採取行動有其時機，有時靜觀其變是更有效的方式。

你的**黃道星座**

四元素

火 提供自然的樂觀情緒，星盤中火元素含量越高，你的信仰也越堅定，無論遭遇什麼情況，都相信一切會安然無恙。

不過如果你缺乏火元素，其他具有強烈代表性的元素會進來接手。

風 如果你沒有火元素，但在風象星座有一些行星，那麼可以試著具體表達，也就是加以談論、腦力激盪、寫下你的待辦清單和計畫，藉以處理未知的事物。

土 如果有許多行星落入土象星座，你唯有做足準備，擘畫出應付偶然事件的計畫，才會有安全感——你透過計畫和妥善的保險來處理不確定性。

水 如果有一些行星在水象星座，不確定性會集中在發生情感危機時——擁有可靠的朋友和家庭支持對你大有幫助。

>> 元素 參閱 pp.28-31

你的**宮位**

第九宮——相信無法眼見為憑的事物

第九宮的行星為你提供了線索，說明你遭遇未知事物時的感覺。每當我們面臨制定未來計畫、展開一段漫長的旅程，或必須對尚未展開的事情抱持願景，皆關乎到我們的第九宮。無論你在第九宮有哪些行星，宮頭的星座都會為你居中調停。舉例來說，如果第九宮有**土星**，你可能無法自然地信任這些抽象事物；如果有**天王星**，你會積極尋求奇異和不熟悉的事物所帶來的興奮刺激感。

>> 第九宮 參閱 pp.108-09

困頓時期

如何處理生命中的難題

俗話說形勢越艱困，讓人越挫越勇。但每個人都有自己在難關中找尋出路的辦法，我們能召喚內在的力量，協助我們安度困頓的時期。

你的**宮位**

第八宮——危機與轉機

並非一切麻煩都牽涉到第八宮，不過我們可以從中發現線索，知道當壓力產生時可以如何反應。或許更精確地說，第八宮描述了深入黑暗之地的旅程，無論是離婚的風暴、金融危機或悲傷和喪親的經驗。

第八宮是龍窟，在這裡的任何行星都要接受鍛鍊。即便第八宮沒有行星，你也可以查看本宮位的宮頭星座和該星座的守護星，得知你該如何處理生命中較為極端的經驗，或是當事情失敗時，你可以運用哪些重要資源。

例如，如果你的**水星**在第八宮，那麼它可能具備陰間領路人的有利條件——顧問或治療師、擁有傾聽技巧或該領域知識的朋友，甚或是以寫日記或個人紀錄作為整理和瞭解情緒經驗的方式。最終你與生俱來的「寶藏」是對更深邃事

物（第八宮）的認識，這也是你行過幽暗之地的理由。

如果**摩羯座**位於第八宮宮頭，你面對困頓時期會展現出堅忍的態度。如果別人確實需要你的協助，你有能力把自己的感覺暫且放到一旁。第八宮守護星**土星**在你星盤中的位置，將提供你如何進一步發揮這項堅忍能力的線索，協助你保持穩定以及感覺安全站穩腳跟。

 第八宮 參閱 pp.106-07

你的**行星**

🌙 **月亮**是你內在感覺的氣壓計，描述直覺的反應，以及讓你獲得滋養和安全感所需的事物。月亮在處於壓力下會產生焦慮。如果你的月亮落入**天蠍座**，也許你會想獨自應付麻煩，將自己與外界隔絕，以便從深處汲取你自己的資源。如果月亮在**天秤座**，你可以嘗試藉由尋找、創造和諧與平衡來滋養自己，即便只是每週花一小時上瑜伽課。當生活變得越困難，我們越需要透過月亮掌管的食物、休息和自我照顧方式來滋養自己，注意月亮給予的提示。

☉ **太陽** 持續關注目標是讓我們度過困頓時期的好方法。在東、西方的古老傳統中，都存在著對人類生命如何開展的哲思：我們起初是一顆蘊藏目的的種子，一路上所遭遇的考驗和磨難，都是完成成長之旅不可或缺的部分。

當然，星盤的確描述著你如何從種子長成開展的生命，但你尤其可以將太陽視為星盤的核心光芒，不管你處在發展過程中的哪個階段。

>> 行星 參閱 **pp.62-85**

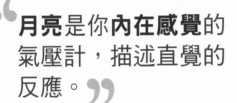

月亮是你**內在感覺**的氣壓計，描述直覺的反應。

你的**黃道星座**

四元素 **火象星座**往往有自信地邁向隧道盡頭的光。**土象星座**專注於現在——用實際的安排讓自己保持忙碌，此舉能帶來安全感。如果你有行星在**風象星座**，客觀是你的重要資產，相反的，如果你有行星在**水象星座**，必須重視自己深層的情感需求。

型態 **創始星座**傾向於藉由控制或設法進步來處理難題。**固定星座**保有天生的韌性和持久力。另一方面，如果你有強勢的**變動星座**，逃跑可能是你偏好的選項，如果不是這樣，你可以運用你的多才多藝和能力來適應。

>> 黃道星座 參閱 **pp.32-57**

習慣

如何辨認與改掉壞習慣

如果好習慣不合時宜，就會變成壞習慣。星盤會顯示你可能養成哪種習慣，以及當這些習慣危及你的幸福時，該如何破除。

你的**行星**

月亮 月亮掌管我們的日常需求、依附感和安全感，與我們不知不覺養成的習慣模式息息相關。許多習慣很可能根生於童年時期。我們原生家庭中的早期氛圍會深深影響我們，特別是恐懼和不確定性、分離或遺棄焦慮、缺乏安全感，甚或是需求未能得到滿足，都有可能在日後的人生中形成負面的行為模式。月亮象徵最深植的習氣，也因此最難破除，尤其是飲食習慣和情感親密度。但對此保有覺知是一個好的起點。

如果你的月亮在**金牛座**，舉例來說，面對壓力可能會使你固執己見而不願意改變，或者使你透過食物、性或肉體歡愉來安撫自己。如果月亮在**雙子座**，一旦情況變得緊張，你會在情緒非常激動的情況下感受到壓力和挫敗。無論月亮位於你星盤的何處，你都可以透過它檢視已養成的習慣並試著找出其根源。無用的模式和成癮行為也可能在星盤的強硬相位中被放大。**金星**與**土星**的四分相，暗示欲望無法獲得成長空間，對親密關係的障礙，或排斥親密。**海王星**與**太陽**的對分相反映出對父親的失落感，因此渴望太陽所代表的男性力量。這些比較深層的動力，會因為我們對自己、別人或對生命本身根深柢固的看法而變得具體化。自覺有助於將我們從中解放。

> **月亮**作為掌管我們日常需求、依附和安全庇護所的那部分，與我們不知不覺養成的**習慣模式**息息相關。

你的**宮位**

第六宮——習慣與慣例

第六宮描述日常生活的活動，在此的行星自然位居習慣與慣例的核心。例如在第六宮的**火星**可能讓你天天上健身房；而在此的**海王星**或許意味著你需要時間做白日夢或聆賞喜愛的音樂。

這類日常習慣帶給你支持的力量，但是得避免變得過於著迷或以此緩和無意識的恐懼。舉例來說，火星在第六宮造成的極端例子是每天工作十八個小時或不停健身，藉以隱藏內心無法掌控局面的感覺。第六宮海王星的極端例子是一旦錯過你的冥想課程，或者生活方式未能符合預想中的心靈純淨感，你便無法正常運作。我們在星盤的任何位置都可能形成無益的習慣，但特別在第六宮，行星容易陷入重複的迴圈。

» 第六宮 參閱 **pp.100-01**

你的**黃道星座**

並無特定星座比其他星座更容易形成負面習慣，的確，我們可以說每個星座都有自己潛在的一連串陷阱。例如**牡羊座**的壞習慣主要是缺乏耐心；**金牛座**是固著不動；而**雙子座**是神經緊張；**巨蟹座**則是對安全感的依賴。

不過我們可以特別注意**處女座**，這是與習慣這概念關係最密切的星座。如果你在處女座或者宮頭為處女座的宮位有行星，這可能是你生活中按照預設慣例或方式行事的地方。對三個土象星座而言，情況莫不如此，但處女座尤其固守規則和既有的程序，為了追求完美而一再重複相同的事。

» 月亮 參閱 **pp.64-65**

「占星學的
全部要點是
學習瞭解
你是什麼樣
的人。」

麗茲・格林
《給戀人的占星學》
（*Astrology for Lovers*）

健康與幸福

如何保持身心的完美平衡

第六宮傳統上是健康宮位。但你也可以看得更深遠，瞭解在生活中你該如何採取適當的方式支持自己。星盤是你健康之所繫，圖中的一切都對你的健康與幸福有所裨益。

你的宮位

第六宮是很好的起點。你的日常健康計畫歸屬於第六宮，因此明智之舉是安排一個能反映第六宮行星（和／或宮頭星座）的健康計畫。當中有時會存在衝突，例如宮位裡同時有**木星**和**土星**，但這只是代表你必須多加留意，使兩者能在這個生活層面一起合作。

既便你在此有**凱龍星**或**天王星**，仍然可以想出兼顧其法則的方式。如果凱龍星在第六宮，你可能對研究補充保健醫學感興趣；如果天王星在第六宮，短時間內爆發衝刺力的運動，或找到釋放天王星高伏特緊張能量的方法，可能有益於你的健康。

第十二宮 傳統上被視為疾病的宮位，行星失去活力和表現「虛弱」的地方。有些占星師說這宮位代表「業力」或「過去世」。從心理學角度將有助於說明此事。

第十二宮的行星隱而不見，而我們與之相關的動機和行為模式往往也是無意識的。此外，「過去世」可視為我們先祖的人生，因此在第十二宮的行星暗示以往世代曾經歷的情結或創傷，正以某種方式被我們繼承。

這些隱藏的感覺時常以身心失調的形式被覺察，因此成為身體的症狀。例如在第十二宮的**月亮**指出缺乏滋養或關懷的經驗，可能顯現成渴望得到照顧；或者在此的**水星**代表不被允許暢所欲言的經驗，而顯現成與聲音有關的病症或疾患。

>> 第六宮 參閱 pp.100-04
第十二宮 參閱 pp.114-15

> 每個星座自有其**表現風格**，當我們未能加以重視或關注，便會危害我們的**幸福**。

你的**行星**

月亮象徵我們需要用以確保情感與身體基本福祉的事物。星盤中月亮所在的星座與宮位，以及月亮與其他行星形成的相位，合而構成使你感覺快樂自在的部分。當我們無法按月亮的需求，實質或隱喻性地「餵養」自己時，焦慮與疾病便會在此滋生。

星盤中的**每顆行星**都包含正面與負面潛能。占星學也暗示我們的身體健康與精神、情感以及心理健康之間存在相互關係，因為每顆行星都體現了這些層面。

我們可以利用火星來說明。每當你從事體育活動或運動，皆與**火星**有關，因此選擇適合其星座與宮位的活動，可以強化你的生命能量，使你在心理與情感上更加堅強。反過來說，如果你覺得計畫受挫，也會感覺身體疲勞和無精打采。

> » **月亮** 參閱 pp.64-66
> » **火星** 參閱 pp.70-71

> 占星學暗示我們的**身體**健康與**精神**、**情感**以及**心理**健康之間存在相互關係。

你的**黃道星座**

並沒有哪一個星座與健康特別相關，不過你應該看看星盤中的哪些星座有行星以及顯得突出，因為每個星座自有其表現風格，一旦未予以重視或關注，便可能危害到我們的幸福。舉例來說，如果你有**獅子座上升點**，在生活中找到能讓你散發光采和被注意的情境，會是獲得幸福的一大關鍵。相反的，如果你有**天蠍座上升點**，要求你公開露臉，可能會讓你感受到壓力，因為你需要隱私。如果你在**金牛座**有行星，倉促匆忙的感覺可能造成焦慮；如果在**射手座**有行星，你的壓力來自必須使自己配合預定的計畫。

> » **黃道星座** 參閱 pp.32-57

休閒

如何從嗜好、運動和娛樂中獲得最大益處

第五宮是嗜好與休閒活動的領域。火星指出我們如何消耗能量,以及如何依據火星的位置選擇某種運動,以確保你有足夠的興趣加以維持。

你的**宮位**

第五宮——運動與娛樂

在第五宮,我們不拘禮節地輕鬆玩樂。因此在這裡你能看出哪些類型的活動會帶來歡樂和放鬆。第五宮的本質是歡愉,從此宮位的行星和宮頭星座(當然還有它的守護星),可以得知什麼活動會帶來快樂。

某些行星似乎格外適合這個宮位——**太陽**、**金星**和**木星**天生就與享受自我的概念有關。在第五宮的金星,可能意味著你選擇的嗜好是舞蹈或裁縫;如果木星在此,你會把學習新知或旅遊當作嗜好。

其他行星似乎不這麼適合第五宮,然而無論你有什麼行星在此,都可選擇與其有關的娛樂當作消遣之基礎。舉例來說,如果**土星**在第五宮,你可能會從擔任地方足球隊的裁判而獲得尊敬;若有半人半馬的**凱龍星**,射箭或許是你可以考慮的活動。

» **第五宮** 參閱 **pp.98-99**

> 如果你要從事某種**運動**,不妨評估你的**火星**,依其長處選擇類型。

你的行星

火星 如果你要從事某種運動，不妨評估你的火星，依其長處選擇類型。例如，如果你的火星落入第三宮的**處女座**，最好選擇單獨的活動（處女座是獨立自足的星座），讓你可以探索身處的生活區域──散步會是合適的選擇。如果你的火星在**牡羊座**，你可能偏好比較激烈且具競爭性的活動，例如拳擊或體育競技。在**天秤座**的火星適合劍術

或網球（在對立邊的兩個人按照一套嚴格的規定，有禮貌地設法勝過對方）；火星在**射手座**可能偏好長跑。

火星顯示你有多麼喜歡，或多麼不喜歡大汗淋漓。對某些人來說，和緩的運動遠比新兵訓練營的高強度操練更適合他們。

選擇嗜好或運動

關於你在空閒時間可能感興趣的活動，或適合從事的運動類型，除了第五宮和火星之外，星盤的其餘部分依然有線索可循。

例如，如果你有強勢的**海王星**，你可能是熱中攝影的人或喜歡游泳，若是強勢的**土星**，那也許爬山是你嚮往的活動。棋類遊戲適合喜歡進行策略性思考的人，也許他的**水星**是在摩羯座。書法也可能吸引**水星－金星**合相或**金星**在第三宮的人，因為代表「美觀的筆跡」。如同大多數事情，星盤的各種相位也提供了娛樂選擇，你可能會利用到若干不同的因素，將這些因素結合在某些特定活動中，藉以創造出完美的假期。

》 行星 參閱 **pp.62-85**

你的**黃道星座**

星盤中的星座組合創造出基本的氣質脾性，轉而使你傾向於喜歡某些特定活動，而非其他。

火象星座天性快活，尤其**獅子座**；**射手座**需要開闊的空間；而**牡羊座**樂於激烈的競爭。

土象星座講求實際，專注於有形事物──**金牛座**雅好園藝；**處女座**喜愛手工藝；而**摩羯座**愛好塑造模型或自己動手做。

風象星座傾向於從事悠哉的消遣或涉及交際交流的活動。**雙子座**喜歡閱讀或上課；**天秤座**可能偏愛溫和的瑜伽或太極拳；而**水瓶座**則喜愛能增進智能的事物。

水象星座暗示運用想像力或抒發情感：**巨蟹座**可能最愛待在海邊度過美妙的一天；**天蠍座**往往參與需要耐力的活動；而**雙魚座**（如同其守護星海王星）意味著創造形象，或許是水彩或攝影。

個人計畫

如何解放想像力

運用創造潛能可以使我們變得活躍，遠離日常生活壓力。太陽與第五宮反映生命活力，而海王星與第十二宮則屬於想像力的世界。

你的**宮位**

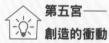

第五宮——
創造的衝動

第五宮傳統上與創造力有關。生育小孩是最根本的創造行為，因此子女連同其他將我們的生命火花注入世界的創造活動，都隸屬於本宮位。

在第五宮的**冥王星**賦予寫作偵探小說的天分；**天王星**則暗示創意點子如天上的火花紛降，想要找到地方落地生根。宮頭星座和該星座的守護星，當然，還有第五宮行星與星盤中其他行星所形成的相位，會提供進一步的資訊，這一切合起來可說明創造力對你的意義。

第十二宮——
意象與想像力

第十二宮是你召喚意象和連結到非平常世界的所在。舉例來說，如果**水星**在此，你可能對神話和童話故事感興趣，或者被象徵性語言所吸引（例如占星學！）如果**金星**在第十二宮，你也許會喜歡藝術或攝影，或沉迷於閱讀愛情小說（或寫作）。連**土星**也沾染這個宮位的特質，如果你是設計師、作曲家或藝廊經理，土星在此能發揮用處，替想像中的概念賦予形式和實體。

》 第五宮 參閱 pp.98-99
》 第十二宮 參閱 pp.114-15

你的**行星**

☉ **太陽**是核心之所在,其代表符號也提醒著我們這一點:圓圈中心的光點。因此你的太陽依照星座、宮位和相位,會提供與生俱來的獨特天賦,證明你是獨一無二的存在。

就太陽而論,我們全都具有創造力,舉例來說,如果你的太陽在**雙子座**,那麼一生的任務會是培養語言和說話技巧,藉以發光發熱,吸引別人的讚賞;如果你的太陽與**凱龍星**形成相位,那麼你的命運是實踐半人半馬怪的神話故事,成為醫者和具有創造力的局外人,按照自己的方式發揮創意。

♆ **海王星** 我們透過海王星進入想像力的世界。海王星扭曲現實,足以使我們溜進奇妙的心境之中,任何與海王星形成相位的行星或軸點,都會透過你的想像力鏡片,添上夢幻或浪漫的色彩。

》 **太陽** 參閱 **pp.62-63**
海王星 參閱 **pp.80-81**

> ❝ **海王星**能扭曲現實,足以使我們溜進**奇妙**的心境。❞

你的**黃道星座**

並無特定的黃道星座壟斷創造力——黃道作為太陽年度旅程的象徵,意味著十二星座皆以各自的方式展現創意。有些占星師描述**獅子座**「有創造力」,而**天秤座**或**雙魚座**「富有藝術性」,然而星盤中的星座獨特組合,可創造出你自己特有的創意標記。火象和水象星座占優勢的人,大多數時候傾向於活在自己的想像力中,火元素專注於願景,而水元素專注於情感,但每一個星座都有自己表達創造力的方式。

例如,如果你有行星在**巨蟹座**和**天秤座**,你的創造力可能集中在家庭層面(巨蟹座),在此你運用審美的眼光(天秤座)培養室內設計技能。若行星在**處女座**和**摩羯座**,庭園設計可能對你很有吸引力,能融合你對植物的喜愛和實際建造的技巧。如同占星學的其他一切事物,解放想像力的關鍵在於開啟每個象徵的可能性。

關係

我們如何與別人形成關係

關係是生活的核心。我們藉由關係確認自己的身分——我們是某人的
妻子、母親、兄弟姊妹、朋友、老闆、同事、敵人等等。占星學能闡明
我們如何形成關係，以及過程中可能出現的問題。

你的**黃道星座**

相容性

關於占星學，坊間書籍往往傳達某些星座易於和睦相處，而其他組合會招致災難，例如**太陽**都在風象星座的兩人是相容的，而**月亮**星座屬性不同的兩人則一定會有問題。

然而事實是更加複雜的，我們只能從整張星盤的脈絡來瞭解關係，以及每個涉及其中之人的生命故事。相容性是一個錯綜複雜的概念，而關係可說是我們成長與自我發展最有力的媒介，值得思考的是，最吸引我們的人，正是有助於催化這個內在過程的人。換言之，關係最終是關乎我們自己，但要透過別人來引導，而我們之所受到旁人吸引，是因為他們具備我們需要或想要的特

質，或在他身上發現我們試著處理或與之達成協議的課題。

在浪漫關係和長期夥伴關係中的情況尤其如此，從中往往被喚起複雜的情結和深植的家庭模式。但這同樣適用於老闆——部屬或同事之間，或和你相處的任何人。

透過關係成長

無論你曾體驗過什麼樣的關係，你都可能將之視為瞭解你、

成為你的這個過程中的重要部分。是否相容的重要性比不上仔細思考為何你一開始會被那人吸引。如果那是你所愛之人，你可以問問自己為何如此喜愛或欣賞那人；如果那是你厭惡的人，你同樣可以問問自己，為何要投入情感，以及要投入何種情感來維持與他們的連繫。

> **我們只能從整個星盤的脈絡來瞭解關係，以及每個涉及其中之人的生命故事。**

你的行星

月亮是暗示我們在關係中如何形成情感連結的關鍵行星——我們如何滋養照顧別人，以及我們為了建立安全與舒適感，需要從別人那裡獲得作為回報的事物。月亮呈現我們如何受直覺驅使，如果你的月亮在**火象星座**，你本能地想要冒險，把人生當成發揮潛力的繽紛之地，此時如果你的夥伴或老闆擁有在**土象星座**的月亮，那麼你的熱忱很可能引發他們明顯的厭惡和惱人反應，這會使你感到洩氣。

金星代表成人階段的感情和關係——我們希望別人藉以瞭解和賞識我們的事物。你的金星位置，按照星座、宮位以及它與其他行星所形成的相位，道出你覺得有吸引力的事物，以及你與某人相處融洽所需的要素——為了讓關係順利運作，必須相互瞭解彼此的欲望本質。比方說，如果你的金星在**摩羯座**或與**土星**形成相位（暗示受限制和獨立自足的型態），而你的伴侶或朋友的金星在**射手座**，或與**木星**形成相位（暗示外向的審美觀和享受美好生活）。

>> 行星 參閱 **pp.62-85**

你的宮位

特定宮位會反映特定的關係類型。**第七宮**與**第八宮**反映出一對一的關係，尤其是較長期的夥伴關係和婚姻。第七宮的行星及宮頭星座（下降點）顯示你從另一個人身上尋求的特質，因為它一開始未能在你身上好好地被培養，而你們的關係有力量使它變得活躍。第八宮的行星（和宮頭星座）暗示深層的情感連結，在此的行星越多，你越會被有力量改變你的關係所吸引。

第五宮是浪漫關係和子女的宮位，而**第四宮**是家庭宮位。這些宮位都反映某種關係，或許第一宮和第二宮除外（僅暗示與你自己和個人資源有關）。

>> 宮位 參閱 **pp.90-115**

親屬

瞭解家庭生活的動力

許多星盤要素涉及創造複雜的家庭生活面貌——第四宮是房屋和家的宮位，第十宮和土星是父母的權威；而太陽和月亮作為父親和母親，為第三宮的兄弟姊妹以及第五宮的子女所圍繞。

你的宮位

第四宮描述你的家和根源，以及你已經（或將要）為自己創造的家。那是實體的家以及團結家庭成員的氛圍和動力，也是往下扎入你自身歷史的主根：你的世系和家譜。在此宮位的任何行星以及與天底（第四宮宮頭）合相的行星將構成你的基礎。

天頂與第十宮位於第四宮的對面，代表父母親的角色，傳統上母親位於第十宮，而父親位於第四宮，但我們可以視提供第四宮事物（安全感、家系、姓氏）的父親或母親屬於第四宮，提供第十宮事物（社會化、權威、未來規畫）的父親或母親屬於第十宮，對大多數人來說，這可能同時包含父親與母親。就像第四宮顯示出我們為自己創造出何種家的類型，第十宮描述的是你可能成為的父母類型，以及掌控和承擔責任的方式。

第三宮描述我們與兄弟姊妹和堂表兄弟姊妹的關係。在此**火星**暗示著競爭，**天王星**代表分離感，而**凱龍星**是失落或寂寞。第三宮顯示手足的相處模式，往往也是日後我們在成人同儕關係中會面臨的主題。

第五宮以及宮頭星座描述你與子女關係的主要特點，包括你對於整個受孕、懷孕和生產過程的感覺。**土星**在第五宮並不代表你生產或養育子女的經驗是負面的，可能只是暗示撫養子女讓你倍感沉重的壓力和責任。同樣的，在第五宮沒有行星也不表示你不會有子女，僅僅暗示你對其他生活層面的要求更高、更具轉化力。

》》宮位 參閱 pp.90-115

你與**姊妹**的關係也可能反映在星盤中的**金星**，與**兄弟**的關係則反映在**火星**。

你的行星

太陽與**土星**以不同方式呈現權威形象，同樣的，這個形象可附屬於父親或母親，不過太陽通常具備男性特質，因此我們較常以太陽描述我們與父親形成的關係，以及一個男性可能成為什麼樣的父親。

月亮在傳統上是母親的象徵星，然而更精確地說，月亮說明了我們對於照顧與滋養的需求，以及我們與提供照顧和滋養者所形成的關係，還有我們可能成為什麼樣的母親、照顧者和供應者。

你與姊妹的關係也可能反映在星盤中的**金星**，與兄弟的關係則反映在**火星**，兩者分別代表年幼女性與男性的象徵形象。而**水星**暗示了你與兄弟姊妹的關係。

>> 行星 參閱 pp.62-85

你的黃道星座

星盤中的星座組合有助於瞭解你在家中扮演的角色。

例如，每種元素各有不同的表現。如果你的星盤中**水元素**占優勢，但你的家庭重視**風元素**，你可能感覺你說著和家中其他人不一樣的語言，而這個家庭要求你邏輯清晰地表達想法。星盤中**土元素**含量高的父母可能難以瞭解他們的火象小孩，彷彿他是家中的異類：喧鬧、大膽、充滿活力。

除此之外，某些星座與某些類型的關係比較有直接關聯。例如雙子座是雙胞胎星座，如果你在**雙子座**有個人行星（尤其是太陽、月亮，或你的命主星），那麼你的兄弟姊妹可能會在人生中扮演激發你成長的重要角色。**巨蟹座**暗示與母親角色的密切關係，或許可以延伸成與母親本人的特殊親密感，而**摩羯座**則是與父親。

>> 黃道星座 參閱 pp.32-57

友誼

滋養你的同伴

友誼關乎選擇，反映出我們的價值觀和理想。連同家庭紐帶和浪漫關係，友誼也是自我發展和發現自己在世界中所在何方的重要環節。若想更加瞭解你對友誼的觀點，請探索以下的星盤領域。第十一宮會是有用的起點。

你的**宮位**

第十一宮是友誼經驗的核心。你在團體中扮演的角色呼應你在第十一宮的行星，只要比較**木星**和**土星**就會明白了。如果你的木星在第十一宮，那麼友誼會令你感覺自由、解放和愉快，是旅行或自我改善的契機。相反的，如果土星在此，待在群體中可能使你感覺孤單和獨立，因此你對每份友誼都會投入大量的時間、能量和承諾。

處理問題

第十一宮還提供了如何處理友誼問題的線索，因此本宮位能反映社會價值觀的衝突，或喚起早年的記憶。如果你的**天王星**在第十一宮，衝突可能反映出你不願意放棄自己的理想；**凱龍星**在此則意味著對於被排斥或與眾不同的敏感。

第十一宮的宮頭星座也會為你參與團體活動的方式定調，而其守護星會就此進行微調。

如果宮頭是**雙子座**，你對於友誼的態度輕鬆和善，可能有機會接觸各種不同領域的朋友。

第三宮涵蓋學校的朋友、兄弟姊妹，以及與你有類似同儕關係的家族成員。當成人友誼出現問題時，查看第三宮有助於檢視問題，因為早年經驗可能在往後的生活中不知不覺被喚醒。

舉例來說，如果你的**火星**在第三宮，你可能會感覺到必須與兄弟姊妹和學校朋友競爭，這種動力會反映在你的溝通技巧上，讓你覺得必須握有話語權。另一方面，如果你的**冥王星**在此，過去可能曾有遭兄弟姊妹背叛的經驗，或是經歷過與學校教育有關的創傷，這些過往皆可能會影響你對同伴的信任程度。

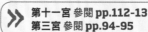

第十一宮 參閱 **pp.112-13**
第三宮 參閱 **pp.94-95**

你的**行星**

太陽顯示你想如何培養自己。這會反映在交友選擇上，若是結交能夠反映出你太陽特質的朋友，往往讓你感覺最舒服。舉例來說，如果你的太陽在**巨蟹座**，你會尋求親密的情感，因為巨蟹座的生命旅程是找到自己的部族並且照顧他們。對照之下，如果你的太陽在**摩羯座**，你可能選擇能展現自立和權威的朋友，因為你欣賞這些技能，同時你自己也正在培養這類特質。

金星是凝聚性的力量，暗示你形成連繫和找尋共同點的方式。即使在最親密的友誼中，金星也跳著相互尊重的舞蹈。如果這樣的方式行不通，友誼便會告吹。如果你的金星在**水瓶座**，你身處的團體具有兼容並蓄的本質，可能是奠基於相信每個人的平等價值。對照之下，如果你的朋友金星在**獅子座**，他們可能不會完全接受你平等對待每個人的原則，反而會懷疑你的忠誠。

> 太陽 參閱 pp.62-63
> 金星 參閱 pp.68-69

> 即使在最親密的友誼中，金星也跳著**相互尊重**的舞蹈。

你的黃道星座

+/- 極性

- **陽性星座**一般比陰性星座更需要社交接觸。
- **陰性星座**往往在自己的同伴之中比較快樂，或偏愛較小的團體。

 元素

- **火象星座**傾向於與朋友一起找尋樂趣和冒險。
- **風象星座**偏好思想和社交上的連繫。
- **水象星座**尋求情感面的連結。
- **土象星座**比起其他星座，往往以更慢的步調處理關係。

> 極性、元素 參閱 pp.28-31
> 黃道星座 參閱 pp.32-57

浪漫關係與性

如何在親密行為中找到樂趣

你的星盤會透露不同程度的戀愛經驗，從短暫的浪漫邂逅到會發展出性行為的深刻情感皆然。占星學會反映出從性愛到忠貞愛情等種種情況。

你的宮位

第五宮是古代占星師探尋生育行為的所在，畢竟這是子女宮位，彼此環環相扣。但這在某種程度上也暗示我們，宮位如同培育種子的土壤，因此我們在第五宮所擁有的特性，強化了個人的生育力。這或許正是浪漫關係和婚配遊戲的要素，終將展現出我們的本質、生育力、潛力和魅力。

第五宮的行星及其與星盤中其他行星的相位，顯示對你而言重要的核心事物，當然也包括宮頭星座和其守護星在內。舉例來說，如果你的**火星**位於第五宮，那麼你的力氣、活力和力量，與性有直接的關聯；而如果是**水星**在第五宮，也許浪漫的遊戲或者情人的聲音是煽動熱情的火花。宮頭天秤座暗示你喜歡

與情人公平競爭，因為**金星**主宰**天秤座**；如果你的金星落入第十二宮，或許會替你的愛情生活增添渴望和幻想。

第八宮是深入的親密關係宮位，也涉及性經驗層面，儘管迥異於第五宮預定的歡樂經驗。在第八宮，為了與另一個人完全分享自我，我們毅然放下戒備。維多利亞時代的人稱性高潮為「小死」，完美符合第八宮透過拋棄個人力量，換來深層轉化的意義。因此**土星**在這裡可能暗示對親密行為的謹慎和障礙；**海王星**可能會對性行為持開放態度，渴望無保留地與愛人結合交融。

> ≫ 宮位 參閱 pp.90-115

> ❝ **金星**與**火星**直接促成我們在星盤中**性與浪漫關係**的樣貌。❞

你的行星

♀ **金星**反映古典性愛女神，例如阿芙蘿黛蒂、伊南娜和伊絲塔——浪漫衝動的象徵。

♂ **火星**反映古典男性戰神，例如阿瑞斯和奈格爾（Nergal），熱烈激昂、強而有力。

在星盤中，金星與火星彼此平衡互補，結合起來顯示出性之誘人吸引力、訴諸感官、深情（金星）與激昂、熱情、熾烈（火星）的層面。我們每一個人都按照星座與宮位位置、金星和火星與其他行星形成的相位，以及金星和火星在星盤中守護的宮位，以不同的方式展現這些面向。

>> 金星 參閱 pp.68-69
>> 火星 參閱 pp.70-71

你的黃道星座

有些占星師分派**天蠍座**作為黃道上的性感尤物，援引其激情的名聲和受火熱的火星守護為證。我們可能注意到了天蠍座與深層、黑暗、危險事物的密切關係，但反過來說，天蠍座也是非常重隱私的星座，往往十分獨立自足。

處女座時常被描繪成愛挑剔的人，如果床單不乾淨，成打的紅玫瑰也不作數，但處女座畢竟是土象星座，需要有形的連結，不像**雙魚座**專注於浪漫的幻想。

土象星座通常關注於性的有形層面——身體的感覺。**火象星座**造就喜愛冒險的戀人；**風象星座**會愛上能和他們用言語溝通的人；**水象星座**則需要情意相通，才能綻放愛情。

婚姻

長期的夥伴關係：隨著時間產生的親密感

婚姻和長期夥伴關係隸屬於契約關係的宮位第七宮，以及形成更深刻連結關係的第八宮。星盤中的土星也能指出承諾和關係的持久與否。

你的**宮位**

第七宮——愛的鉤子

無論你的第七宮有什麼（即便只是位於下降點的星座，當然還會延伸至其守護星），都為你的關係提供了強力的「鉤子」，任何確立的長期夥伴關係莫不取決於此。這是你星盤中暗藏的特質，在你心中等待被激發，而且主要是透過關係來完成。

因此如果你的關係不順利，或者你為夥伴關係所做的努力似乎總是以災難收場，那麼不妨好好檢視第七宮，找尋個中原因的線索。就此觀點而言，占星學認為沒有所謂「失敗的關係」，只有替為了成為你自己而效勞的關係。

第八宮——直至死亡分開你我

繼第七宮的契約式事物層面後，第八宮帶領我們進入更深層次的親密度。我們在此探究未知領域，與別人共享我們的財富，並冒險敞開自我，面對失去、分離或背叛的風險。任何關係終將進到這個領域，或許是度過情感風暴的考驗，或許是觸礁粉碎。更深刻的鍊金術發生在第八宮而非第七宮，會在內在和情感的層次上演。在第八宮的行星以及宮頭星座的守護星，將在這個過程中登場，一部分的你很可能會因為關係而完全被改變。

> **第八宮**帶領我們進入更深層次的**親密度**，體會與他人**分享資源**的過程。

≫ 第七宮 參閱 pp.104-05
≫ 第八宮 參閱 pp.106-07

你的**行星**

土星 促使我們每一個人為發展關係做出奉獻。如果你的土星落入其中一個關係宮位，或者與星盤中的月亮或金星形成相位，那麼你很可能不斷在尋求長期的承諾。

月亮 總是在婚姻或浪漫夥伴關係中被想起。月亮是基本立足之地，顯示我們若要茁壯豐盛，必須得到滿足的需求。

金星 是吸引力、尊重和感官之愛的美麗花園，使婚姻不只是一種相互照顧的工作。

>> **行星** 參閱 pp.62-85

你的**黃道星座**

我們可藉由探討**三種型態（創始、固定和變動）** 在關係中的運作方式，獲得十二星座的概論。數一數每種型態中的行星數量，將此應用到你的星盤。你也可以查看關係宮位第七宮和第八宮的宮頭星座。

創始星座（牡羊座、巨蟹座、天秤座和摩羯座）喜歡讓事情保持動態，需要感覺一段關係彷彿正要前往某處。即使是有安全意識的巨蟹座，如果缺乏明確的發展方向或感覺，也會開始對夥伴關係失去新鮮感。

固定星座（金牛座、獅子座、天蠍座和水瓶座）在擁有穩定感時可獲得最佳進展。儘管天蠍座使人想起深層轉化的概念，但這往往得歷經一段很長的時間才會發生。對於這些星座而言，重要的是堅持到底。

變動星座（雙子座、處女座、射手座和雙魚座）可能害怕承諾。如果你的變動星座在星盤上占優勢，不代表你沒有能力維持長期的關係，只不過這段關係需要時時保有彈性或變化，以吸引你年復一年的專注，否則你可能會覺得受困或無聊。自由是關鍵要素。

>> **型態** 參閱 pp.28-31

「一個人的星盤
是**開放**我們
進入他們
神話故事的
門戶。」

理查・艾德蒙
《鏡中世界：在關係的鏡子中搜尋自我》
Through the Looking Glass: A Search for the Self in the Mirror of Relationships

職場關係

與他人共事

職場關係運用到星盤的幾個宮位。第六宮描述你與同事的關係,而第十宮描述你與老闆的關係,以及你自己在管理職位上如何行使職責。

你的宮位

第六宮——與同事相處

第六宮明確涵蓋與工作相關的種種概念。不僅描述你與同事的關係,也描述身為受雇員工的感覺。因此第六宮包含工作生涯的不同面向:身為公司機器的一顆螺絲釘、雇用你的主管以及與同事相處。

第十宮——等級制度與指揮鍊

第十宮顯示你對統治和管理的概念,對工作上的關係極為重要,顯示你對老闆的感覺、接受命令、發號施令的方式。無論你在第十宮有什麼行星,都會密切影響你與工作管理者的關係,以及你對別人下達工作指令的方式。

第十宮作為父母親宮位,涉及我們早年與權威人物的關係,這種連結可能會在往後的人生重現,成為你與老闆之間,或者你領導下屬時的問題。

你與父母親、學校老師,以及其他社群領導者的關係中所形成的任何連結,皆有可能是第十宮力量的展現。孩童時期,我們會觀察父母如何行事,並將之吸收到我們認為應該如何完成事情的觀念中。因此,想一想你的父母親如何當家作主、如何負責,還有他們對於運用專業揚名立萬有何感想,這麼做會有幫助,因為所有的一切,都會反映在你的第十宮。

> ❝ 第十宮對於**工作上的關係**極為重要,顯示你對老闆的感覺。❞

⟫ 第六宮 參閱 pp.100-01
第十宮 參閱 pp.110-11

你的**行星**

　　並無特定行星與職場關係有突出的關聯，但在此我們可以探討不同行星在「工作宮位」第六宮和第十宮的幾個例子：

天王星　如果你的第十宮有天王星，或許你偏好自由的生活方式，或者從事一份自由的工作，毋須發號施令，也不用屈從命令。

土星　如果你的土星位於第十宮，那麼你可能會跟隨公司的升遷制度，慢慢實現期望。

水星在第六宮使對話和溝通成為你的潛在技能，你可能時常為同事或下屬調解紛爭，或自然地成為辦公室小道消息的提供者。

　　一如往常，你可以藉由查看第六宮行星與星盤中其他行星所形成的相位，進一步瞭解職場關係。例如第十二宮**冥王星**與第六宮**水星**形成的對分相，為溝通蒙上黑幕，或許暗示你敏於覺察陰謀詭計，或深知可能會破壞良好關係的職場祕密。

你的**黃道星座**

　　如同所有事物，一說到處理職場關係，每個星座有各自的作風。對此並沒有哪個星座比其他星座更稱職，我們都得盡力發揮所長。認清動機對於創造快樂的職場環境會極有幫助。

　　舉例來說，如果你的**太陽在獅子座**，無論位於星盤何處，你在職場上都會想擔任核心人物、發號施令。你難以屈居人下，因此如果你感覺受人使喚，或者你的看法遭到同事質疑，職場關係都可能變得緊張。

　　另有一個例子，如果你的星盤中有**創始 T 形三角**，尤其當中包含了在**牡羊座**或**摩羯座**的守護行星，暗示你擁有強力的內在發電機，專注於目標且傾向於快速完成事情。

　　要在職場上與人和睦相處具有挑戰性，但只需簡單知道某人的**太陽**、**月亮**或上升星座，便有助於瞭解他們的核心價值，創造更順暢的工作關係。

》》 行星 參閱 **pp.62-85**

》》 黃道星座 參閱 **pp.32-57**

職業

實現抱負

天頂與第十宮是你的職業和抱負之所在。但我們也可以視太陽為星盤中的創造核心，而土星是努力追求世俗成就的象徵。

你的行星

太陽應該要能照耀職業核心。如果我們不在所從事的工作中運用我們的太陽特質和天賦，便不可能感到滿足，最終有可能會放棄工作，或者在主要行星過運太陽時遭逢中年危機。

要結合太陽賦予個人的創造力和**天頂與第十宮**的世俗抱負，有時會形成挑戰，尤其如果太陽與你的第十宮沒有任何相位，或者與第十宮的行星形成強硬相位（意指試圖調解兩者的壓力）。

星盤中的**土星**顯示你尋求達成某種具體成就、辛苦勞動的成果之所在。這往往牽涉到你的職業選擇，因為土星會帶來極大的滿足感，而且是我們尋求肯定和尊敬的地方。我們通常會在土星所在之處將事情「職業化」，在此我們設定了高標準，並努力成為有成就的人。

交點軸 交點雖然與你的職業抱負沒有直接關聯，但會反映出你在過去與未來之間的移動過程，反映你如何運用天賦，並培養使你跨出舒適圈的新技能。

交點指出自我發展的過程，因此你可以查看**北交點**，以描述處於成就或創造過程中自身的樣貌。這個樣貌可能不會顯現於你為了生計而從事的工作，然而在你對成就的渴望中，很可能會受到它的激勵。

>> 行星 參閱 pp.62-85
交點軸 參閱 p.124

你的**宮位**

天頂與第十宮

天頂是行星在橫越天空的旅程中達到最高點的地方。從隱喻的層次，我們也可以說那是生命的最高點，是我們達成肯定、成功和成就之處。

擴而言之，**第十宮**（天頂構成第十宮「宮頭」或起點）也是指人生成就的巔峰。本宮位的行星構成你職業道路的基礎，無論在實質上（在第十宮的**天王星**作為電子工程；第十宮的**海王星**作為身心靈醫生；第十宮的**月亮**作為看護等等）或心理上（天王星是抗拒正統，走自己的路的人；海王星是漂泊一段時間，然後藉由靈性覺醒而發現自己命運的人；月亮擔任專職「母親」，期待滋養和照料他人）。

在這個生活層面，我們可能一開始就遵循父母的腳步，接掌家族事業或從事我們被期待的工作。

不過我們遲早會想要與自身的命運接軌，為自己開拓出一片天。

>> 第十宮 參閱 **pp.110-11**

你的**黃道星座**

每個星座都象徵某種特定的經驗領域。因此你的職業選擇將反映星盤中最強勢星座的動機、技能和驅力。如同我們所知，你的太陽和天頂會帶領此事，但其他行星的位置和上升星座也同樣重要。

例如，如果你有**太陽雙子座**，你可能會選擇以溝通為核心的職業，好讓你發展寫作或語言才能，這是你的創造目的。如果你還有**雙魚座上升點**，你的寫作可能帶著想像力，表達方式極具詩意。

或者你有**太陽處女座**，你的人生目的可能是專精你所選擇的手藝。如果在**天秤座**有行星，你的創造過程受益於你的藝術才能，以及對於美和設計感的喜愛。

>> **黃道星座** 參閱 **pp.32-57**

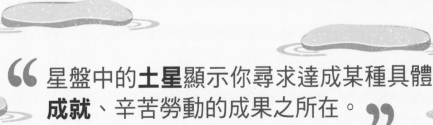

★★ 星盤中的**土星**顯示你尋求達成某種具體**成就**、辛苦勞動的成果之所在。**""**

金錢

如何處理財務問題

第二宮與第八宮的軸線提供我們關於金錢和財務的資訊，顯示個人與共享的物質資源之間的互動。金星強化我們對於價格和價值的定義。

你的宮位

第二宮——我的東西是我的

如果你想一窺自己的財務狀況，不妨查看你的第二宮。一如往常，第二宮包含種種交織的因素：在此宮位的任何行星以及與其形成相位的行星，加上宮頭星座及其守護星。此處的狀態說明了你對金錢和物質環境的態度，後者可說是衍生自前者。

第八宮——我們共同擁有的東西可能是問題

第八宮描述和金錢有關的一切，以及與伴侶共享的物品，從重大項目，例如抵押品或銀行共同帳戶，到每週一起分擔的購物開支等日常事物。人們說金錢往往是關係的引爆點之一，我們或許能從中看出金錢與第八宮的深刻關聯，第八宮容易讓關係在不知不覺間演變成權力爭鬥的場所。我們若能事先瞭解共同處置金錢的問題，無疑可以避免許多爭執。

債務是內含於第八宮的概念，因此無論你在這裡有什麼行星和星座，都會顯示出你對債務的觀點。舉例來說，牡羊座在第八宮宮頭可能表示你輕率地安排財務。另一方面，在第八宮宮頭的水象星座可能暗示訴諸情感的方法，你最好遵從直覺的引導。

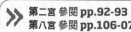

» 第二宮 參閱 pp.92-93
» 第八宮 參閱 pp.106-07

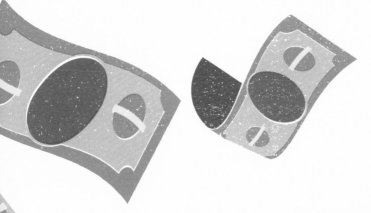
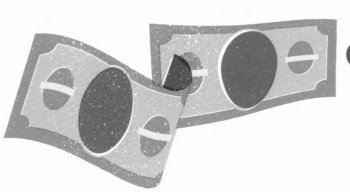

> 我們傾向於與星盤中**金星**象徵的事物達成一致的**價值觀**。

你的行星

♀ **金星** 我們傾向於與星盤中金星象徵的事物達成一致的價值觀，金星呈現出我們願意為之花費金錢的事物，因為我們認為它有價值且值得擁有。你可以查看你的金星，瞭解你傾向將資源投入何處。

如果你的金星與星盤中的**木星**形成相位，或許你喜歡旅行，且樂於花大錢旅行；如果你的金星與**土星**形成相位，你可能喜愛製作精良的物品，例如訂製的服裝，而且願意為品質一流的東西多花些錢。金星在**獅子座**暗示對質感的渴望；金星在第十一宮暗示你重視社交生活，願意多花些錢好好玩樂。

 金星 參閱 **pp.68-69**

你的黃道星座

♉ **金牛座** 金牛座也與財務問題有關。星盤中金牛座的所在之處，會使你特別想要鞏固，身為固定土象星座，這強烈暗示有形之物或物質資產的概念。雖然不直接等同於金錢，但作為許多占星師將之與財務、銀行業務聯想在一起的星座，如果你有個人行星位於該星座，那可能是專業興趣或才能的所在之處。

另外兩個土象星座也暗示對金錢和物質領域有獨特的天分或能力，如果你有個人行星在這兩個星座——以謹慎節儉而聞名的**處女座**，還有對每件事都採取明智冷靜態度的**摩羯座**。

>> 黃道星座 參閱 **pp.32-57**

動機

如何為行動和成就做好準備

行動和進取心使人聯想到火星。無論你的火星占據哪個宮位，都會是你能量的主要集中點，和你變得活躍之處。充滿動能的創始火象星座牡羊座也值得探索。

你的行星

 火星 如果你想在星盤中找出熱情和魄力之所在，不妨看看你的火星。我們各有不同的戰鬥風格，你可以善用你的火星象徵來開創自我的風格，也能觀察你的火星，為獲得成就創造合適的環境。

有些行星適合活力充沛的行動（例如在**牡羊座**或**摩羯座**的火星），有些適合慢慢醞釀（在**金牛座**或**天蠍座**的火星），還有一些往往看似根本沒有行動（或許在變動星座**雙子座**或**雙魚座**的火星），但只要給予合適的環境，他們也會下定決心而有所成就。如果你的火星位於所謂的「雙體」星座——**雙子座、處女座、射手座**或**雙魚座**，你可能天性容易推諉、兩邊下注或改變心意，然而投入適合該星座的活動（雙子座是溝通、處女座是手藝、射手座是旅行而雙魚座是奉獻自我），便能喚起對你而言重要的力量和動機。即便火星位於金星所守護的天秤座，也能集中能量，這是適合舞蹈或瑜伽的理想位置。

強硬相位

星盤中的相位型態組合值得觀察。以**四分相、半四分相**或**八分之三相**產生關聯的行星，往往會形成複雜的動能，在此你得努力動起來。

大致上的原則是，你擁有越多這類相位，生活便可能越忙碌而且越發被迫展現強力的行動，尤其如果這些行星位於天生渴望移動的創始或變動星座。

> ❝ 如果你想在星盤中找出**熱情魄力**之所在，看看你的**火星**。❞

» 行星 參閱 pp.62-85
相位 參閱 pp.130-31

你的黃道星座

牡羊座 由火星守護的火象星座牡羊座具有重要意義，即使它僅僅只是指出在星盤中刺激你採取行動的宮位。如果你在牡羊座沒有行星，但它位於某個宮位的宮頭，那麼「把握當下」這句話會成為你生活上的座右銘——火星將是這個宮位的守護星，因而使兩者產生關聯。

例如，如果你的牡羊座位於第十一宮宮頭，那麼結交新朋友或創造新的社交網絡，是你從零開始且容易做1到的事。的確，你的生命路程可能意味著你必須不止一次做這件事。如果火星位於第九宮，你積極參與社交的動機或許是為了能和主動進取的朋友一起旅行，勇敢地探索世界上更多地方。

» 牡羊座 參閱 **pp.32-33**

你的宮位

上升點與天頂 說起為行動做好準備，星盤的這兩個點各自扮演其角色。

你的上升星座與此星座（及第一宮）中的任何行星，會形塑出你是如何展開新計畫的，你應該加以重視。如果擁有**金牛座**上升點，每個新開始不能倉促匆忙；如果是**摩羯座**上升點，你可能急切想要開始，但只在你感覺能掌控住情況時；而如果上升點位於**天秤座**，或許你想確認在開始之前，每個人都感到滿意。

天頂是你積極取得成就和成功之處，因此在天頂的星座和在此（及第十宮）的行星，會指出你看見的是玻璃天花板或無垠的天空。如果你的天頂在**巨蟹座**，你可能從情感而非物質的標準來看待成功；如果天頂在**獅子座**，那麼你需要你的成就耀眼並且被大家注意到。

天頂 參閱 **pp.122-23**

信仰

如何回答大哉問

星盤中與宗教、靈性有關的事物集中在第九宮和第十二宮，以及木星和海王星，連同這些行星所守護的星座，都將構成你特有的信仰體系。

你的**宮位**

宗教與靈性事物往往有著不同的定義，我們不難聽到有人認定自己崇尚的是「靈性」而非「宗教」。因此我們需要採取各式各樣的觀點，來看待可能促成某人信仰體系整體樣貌的事物。

如同大多數事物，整張星盤確實也會影響我們對神聖事物的看法，我們所崇拜的神可說是反映了我們對生命的觀點。

 第九宮──「神的宮位」

在此你會發現任何你所信奉的教義信條或道德哲學的根基。在第九宮的**土星**暗示你偏好能提供具體答案、散發權威感的神，以及使你遵守律法的完整發展體系。**月亮**在此可能暗示神的女性面向，或者偏好以家庭和社群為中心的靈性體系。與第九宮任何行星形成的相位都會預示你在處理形而上的問題時，可能體驗到的衝突或信仰危機（在強硬相位），或者什麼事物感覺起來能支持和鼓勵你的信仰（在柔和相位）。

第十二宮──靈性宮位

儘管不是傳統上與宗教或信仰相關聯的宮位，但許多現代占星師將第十二宮以及**海王星**和**雙魚座**視為靈性指標。其根源或許是西方世界部分宗教組織的式微，還有人們對於全球各地的靈性風貌越來越感興趣，導致產生非常個人的靈性定義，這往往汲取自各種文化傳統。

 第九宮 參閱 pp.108-09
第十二宮 參閱 pp.114-15

你的**行星**

    木星代表我們抱持信念的內在能力,而木星的所在位置能描述你選擇的宗教或思想體系的樣貌。如果你有個人行星在**射手座**,亦即由木星守護的星座之一,你可能具備哲學家般的思維方式,而宮頭為射手座的宮位表示你特別想要從中追尋答案的生活層面。

    第十二宮的任何行星都會在你的想像中表達自我,就像在有形有質的世界中,這些行星連同你的**海王星**位置和在**雙魚座**的行星/宮頭,皆暗示著你與看不見的世界連結的方式。

 行星 參閱 pp.62-85

你的**黃道星座**

四元素

    火 在四元素之中,火元素是與信仰概念最自然相通的元素,你在火象星座中擁有越多行星,越能自在地相信你看不見的事物。這不必然意味著你篤信宗教,但如果你是,那麼這暗示你比較不會去質疑你所選擇的信仰的真實性,或者是否可加以證實。

    風 另一方面,風元素傾向於抱持懷疑的態度,需要邏輯的論證,並設法將合理性應用到信仰問題上。

    土 是務實主義者,也許更熱中於活在當下,或者認為上帝應該顯現於自然,而非飄浮在雲端。

    水 通常滿意於大量存在宗教中的未解問題,因此對水象人而言,宗教毋須明確的證明,只需要本身自成意義。

> 我們需要採取**各式各樣的觀點**,來看待可能促成某人**信仰體系**整體樣貌的事物。

生命事件
占星學

生命事件概論

利用占星學進行預測

欲瞭解生命事件，首先要知道沒有星盤是永遠靜止不動的，因為行星會持續環繞著軌道運行，產生行經你的行星、軸點和宮位的「過運」，反映出任何特定時刻的能量。

行星過運

過運是占星學的主要預測工具。過運反映當前局勢，但也包含過去和未來可能發生的事。「過運」（transit）的意思是「穿越」：行星通過星盤中的某個要素。你可以追蹤行星從星盤原本所在位置出發的移動路徑。這些行星越過軸點、進出宮位，與行星和其他星盤要素形成相位，產生不斷移動的動態圖。

在任何特定時刻，你的過運會凸顯星盤的某些領域。每個領域都反映你當時的感覺、事件發生的深層意義，以及如何反應會比較適當且富有成效。行星可能過運於合相或四分相、對分相、三分相或任何相位型態中，每個過運皆會帶來其特有的經驗。

查看自己的過運

你可以在星曆表中查看目前的行星位置。舉例來說，如果你的太陽位於牡羊座27°，檢查看看有哪些過運的行星位於最靠近的範圍內（容許度1°至2°）。你可以利用紙本星曆表或眾多的免費線上版本（不妨試試 www.astro.com）。

從水星向外算起的行星，在循環週期的某個時間點都會逆行。這表示藉由過運，此行星將通過你星盤的某個點，次數可以多達三次甚至五次。

冥王星、海王星和天王星過運從第一「擊」到最後一「擊」至少需要一年時間，帶來極為深刻的影響與改變。**木星、土星和凱龍星**過運也可能產生深層影響，但為時比較短暫——對逆行的凱龍星來說時間長達一年，木星或土星則

不足一年。一擊的木星過運持續約一個星期，但如果逆行（和三擊）則需要九個月。

火星、金星和水星的每一擊費時二至三天，但如果逆行，可能會有多達三擊。

太陽與月亮從不逆行。一次太陽過運持續約一天，月亮過運則是幾個小時。

行星循環

除了過運你的行星或軸點，每顆行星還有與它在星盤中原本位置有關的循環。例如你會在土星為期三十年的完整循環過程中，看見土星來到星盤上你的土星對面。占星學視這個循環為一個完整的經驗，稱之為「中年過運」，例如冥王星與冥王星的四分相（三十歲晚期或四十歲出頭）、天王星與天王星對分相和海王星與海王星四分相

（四十一至四十二歲），及凱龍星回歸（五十歲）。我們在步入中年後絕對不同以往！

命運與自由意志

　　占星學表明我們有所選擇，無論情勢看似多麼像「命中注定」或超出我們的掌控，占星學認為我們能透過改變觀點、運用想像力重新改變現實。

　　我們可以將相同的態度應用在星盤預測。象徵不會明確告訴我們該怎麼做，而是開啟我們的創造覺知並邀請我們參與其中，成為自身命運的創造者。

> ❝ **占星學**表明我們有所**選擇**，無論情勢看似多麼像「**命中注定**」或超出我們的掌控。❞

認識新的人

初次相遇與建立新關係

某些邂逅具備造成深刻改變的潛能，即便只是點頭之交，也會引發對我們意義重大的事件。你的星盤顯示你如何應付初次相遇，而過運則指出這類邂逅在你人生中可能代表的意義。

你的**宮位**

上升點與第一宮顯示我們如何面對新認識的人——與人應對的第一步或初始作風。例如饒舌的**雙子座上升點**會帶動對話交流，想知道你的一切大小事。另一方面，**天蠍座上升點**則是諱莫如深，逼使你不得不率先採取行動。

這部分的星盤描述你的穿著和外觀，以及個體人格面貌的關鍵要素。例如土星在上升點的人喜歡穩重的黑色和灰色服裝——你的穿著傳達出你希望別人如何看待和認識你。

你的**行星**

星盤中的**水星**是建立和維持關係的關鍵因素。水星之於太陽，如同大使之於國家元首，這位官方使者負責傳達訊息和摸清對手底細。如果你有強勢的水星（比方說與太陽合相或位於上升點），那麼你的溝通需求會很強烈，另一方面如果水星藏匿在第八宮或第十二宮，則暗示談話風格較為謹慎。與冥王星或土星形成相位的水星可能十足靦腆，寧可在一旁觀察而不願高談闊論。

➤➤ 上升點 參閱 pp.120-21
　　第一宮 參閱 pp.90-91

➤➤ 水星 參閱 pp.66-67

你的黃道星座

四元素

風象星座依靠社交接觸而茁壯，而有行星在**水象**星座的人偏好獨處或老朋友的陪伴。**火象**星座傾向於以自信和大膽的心態融入新處境；**土象**星座往往用從容不迫的步調處理事情。

你的**太陽星座**尤其會顯示你如何在第一次會面時展現自己，而月亮星座是你內在感覺的氣壓計。你傾向於對外投射你的太陽，運用太陽特質在社交場合中散發光采。

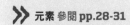

元素 參閱 **pp.28-31**

個案研究

塔提雅娜（Tatiana）在生產過後回到工作崗位，重新找回自己的利基是她所面臨的一項挑戰。

塔提雅娜擁有在第十一宮獅子座的月亮和金星，這使她成為風趣的人，想要受人歡迎並享受社交生活。在獅子座的月亮和金星具備表演能力和迷人風采，加上天秤座上升點，使她本人極有魅力。她的金星位於與木星和天王星所構成的 T 形三角頂點，並與凱龍星成對分相，因此她喜歡與眾不同和獨特性，不想只當一位路人甲。

但她在第一宮還有土冥合相，所以她在初次和人碰面時不容易適應，會感到害羞和無言以對。她在土星過運土星和冥王星時展開新工作，致使她懷疑自己不被同事看重。幸而太陽短暫過運她的第一宮，帶給她與同事相處的第一簇自信火花。

太陽　　　金星　　　天王星

關鍵過運

新認識的人往往是我們下一個發展階段的催化劑。因此當你遇見對你有重大意義的人時，查看星盤的過運狀況會很有用處，無論關於社交、職業或浪漫關係，皆有為時短暫或長期的影響。

過運的行星會顯示經驗類型：例如**天王星過運**會帶來出乎意料的邂逅。過運中的行星能指出關係的重要意義——過運**金星**喚起你的欲望本質；過運**太陽**喚起你的身分認同。

安排慶祝計畫

感染節慶精神

慶祝或許是人類對蓬勃精神的肯定，亦是陽光與活力的展現時分。我們在一年中以重要的日子和假期做間隔，藉以恢復精力、讓家人或社群團聚，或慶祝個人的生活與成就。

你的**宮位**

第五宮是慶祝的宮位，你在這個宮位的行星、宮頭星座（及其守護星），將顯示你為聚會所準備的物品，以及規畫休閒活動的方式。

土星、冥王星和**凱龍星**當然也會出現在這個宮位，雖然通常與放縱或自發性沒有什麼關聯，但我們可以想像土星是有條理的聚會籌劃者；冥王星偏好上夜店開生日驚奇派對；凱龍星具備巧思，能想出不落俗套的郊遊點子。

 第五宮 參閱 pp.98-99

個案研究

米瑞安（Miriam）正在為父母親的結婚週年紀念日安排一個豪華驚奇派對。她的弟弟則偏好小型的家庭聚會。

米瑞安的星盤在第十一宮的金牛座有明顯的星群匯聚，凸顯她喜歡人多熱鬧的傾向，因此她想邀請一堆朋友和認識的人參加派對。米瑞安的海王星在第五宮，她喜愛不受預算或實際考量限制的慶祝；在第二宮宮頭的獅子座暗示，她認為金錢能買到想要的最好的東西。

金星守護她的第五宮，且位於巨蟹座上升點，難怪她認為這件事是展現對家人愛意的機會。在舉行派對那天，過運的金星與她的天頂合相，恰如其分地象徵米瑞安身為派對東道主和典禮女主人的身分，還有以這個慶祝作為獻給父母親的賀禮。

你的**行星**

 太陽與**木星**兩者本身都帶有喜慶感，無論太陽與木星占據星盤的什麼星座和宮位，都道出了會發生什麼事、什麼人對你釋放善意、慷慨和玩樂的感覺。

如果太陽在**第七宮**，你能使別人感覺到在你眼中他們既珍貴又與眾不同；如果在**第六宮**，工作上的同事能引發你開朗樂觀的那一面。

落在**射手座**或**獅子座**的木星天生具有活力和振奮感；在**摩羯座**或**處女座**的木星比較謹慎，傾向控制開派對的預算。

>> 太陽 參閱 **pp.62-63**
木星 參閱 **pp.74-75**

你的**黃道星座**

某些星座天生比其他星座更歡樂，星盤中以**火象**和**風象**星座為代表性人物，往往能自然而然地享受著完美的派對。**水象**和**土象**星座一般而言較為內向，如果你星盤的這些星座中有強勢的個人行星，可能會傾向於低調行事。

每個星座有各自的慶祝方式，如果你是**獅子座**，你享受站在舞臺中心，為活動帶來和煦的溫暖。對照之下，**巨蟹座**偏好家族團聚或與信任的朋友共度的時光。

>> 獅子座 參閱 **pp.40-41**
巨蟹座 參閱 **pp.38-39**

關鍵過運

木星過運會帶來樂觀精神和對社交聚會的熱中，將你置於歡慶氣氛中或指出你寧可玩樂而不願工作的時期。

你也可以在星盤中標記過運到各宮位的太陽，環繞一圈的時間大約是一年。當太陽運行在第五宮的幾個星期間，你會感覺迥異於太陽運行在第十二宮時，前者是發揮創造力和歡慶的時候，後者是逃避或孤獨期。當你生日時，太陽會回歸它原本的位置，這確實是值得慶祝的一天。

 太陽

 木星

冒險

勇敢踏入未知領域

無論你搬家、展開新事業或者度過年假，占星學都會
透露你可能如何反應，以及如何運用內在資源。即使
你所面臨的改變並非出自你的選擇，但以下的星盤領
域及行經該領域的過運，將指出你準備改變的部分。

你的黃道星座

四元素

 火是無畏的元素，專注於願景，不擔心細
節。對你而言，生活永遠是一場冒險。

 土元素不願冒險，而是透過事先的規畫來管
理風險。

 如果你在**風**元素有行星，當興趣被撩起或者
有夥伴陪同時，你甘願冒險。

 水元素因改變而覺得不穩定，會築起一道保
護牆，在牆後摸索安全的道路。

你的上升星座為新開始設定模式，無論是冒
險嘗試新工作，或者簽署你的第一筆貸款。每種
元素的表現各有不同，在光譜的相反兩端，**牡羊
座**不假思索往前衝，而**雙子座**猶豫不決，難以做
出承諾。

元素 參閱 pp.28-31
黃道星座 參閱 pp.32-57

你的宮位

第五宮傳統上與賭博有關，不管是真正
或隱喻性的賭博。你可以運用第五宮的
行星創造處理風險的策略。舉例來說，如果**木
星**在第五宮，你可能樂於一頭栽入，認為有成
長的機會；如果**月亮**在第五宮，你也許更偏好
仰賴直覺來度過關卡，保留退卻的權利，以防
形勢生變。

冒險喚醒覺得遠方有事物在等待的**第九
宮**，暗示展開旅程時，我們內心的感
受。舉例來說，當**土星**在第九宮，這顆代表
限制和規則的行星可能暗示緘默或飛行恐懼。

第五宮 參閱 pp.98-99
第九宮 參閱 pp.108-09

個案研究

艾瑪（Emma）熱愛航海。當木星過運她的第九宮時，她獲得了環行世界的機會。

　　艾瑪的幾顆行星和上升點皆位於火象星座，帶來熱烈的自發性。獅子座上升點使她相信自己有能力在新的冒險中成功，她的命主星太陽位於第九宮的牡羊座，讓她能將自己塑造成勇敢的冒險家。在牡羊座的木星意味著她會正面應付障礙。她的太陽、木星和北交點全都在第九宮的牡羊座合相，在木星過運時帶來如此令人興奮的機會——艾瑪相信她注定要無畏地勇闖未知領域。

　　金牛座火星代表她有勇氣和毅力堅持她的決心，而第五宮的天王星和海王星，使她能完全表達創造力和對新角色的願景，這全都在審慎務實的土星引導下，而土星也在她的第五宮。

你的**行星**

♂ 火星暗示把握機會或做決定的能力。在放手一搏時，你應該尊重自己的風格。舉例來說，**天秤座**火星需要衡量所有可能性；**雙魚座**火星順應局勢。**牡羊座**火星專心致志、迅速果決；**巨蟹座**火星偏好採取更細膩迂迴的途徑。

♃ 木星表達你把握機會拓展自我的驅力。如果你的木星在**雙子座**，舉例來說，因為有獲得新技能的好處，使你認為冒險是值得的。另一方面，在**天秤座**的木星視成長為雙向的交流和分享活動。

>> 火星 參閱 pp.70-71
>> 木星 參閱 pp.74-75

關鍵**過運**

木星和天王星過運
往往會帶來意外的機會。

天王星帶來改變，以新概念或願景的刺激興奮為燃料。天王星所產生的專心致志往往讓你啟動不可能的事。

木星拓展了你的觀點，為你星盤中任何一個正在運轉的部分提供新的可能性。木星也為結果注入信心和不可動搖的信念。

木星

天王星

「我們是否勇敢快樂地騎乘人生的**命運之輪**，積極參與**時間之舞**，或者**為此感到害怕**？」

克蕾兒・馬汀（Clare Martin）
《繪製心靈：第三冊光陰——時間的占星學》
（*Mapping the Psyche: Volume 3: Kairos – the Astrology of Time*）

關係中的關鍵時刻

展開新關係和做出承諾

我們在關係中享受一部分人生中最快樂的時光，但也帶來某些最痛苦、最具挑戰性的時刻。每個星盤都是獨一無二的，同時也顯示了每個人建立依附感的特定方式。

你的黃道星座

型態

某些星座似乎比其他星座更適合做出承諾，但表象可能會騙人。

變動星座習於迴避承諾，但他們確實需要充分的個人空間和自由，如果瞭解這兩項原則並將其包含在承諾之內，他們會顯得較為牢靠。

固定星座傾向於尋求穩定持久的長期夥伴關係，患難與共並堅持到底——即使熱情已經熄滅。

創始星座往往迅速墜入愛河，可是一旦關係結束，他們也會很快就接受現實，開始新的生活。

你的宮位

第七宮與第八宮

第七宮和第八宮是關係宮位，反映你對情感做承諾的感覺。第七宮代表透過你所選擇的夥伴而形成的契約；第八宮帶你進入靈魂層次的情感牽連。

如果你的**土星**在此，會在某個時候發生「長期結盟」事件。換成**木星**或**天王星**，自由可能是優先選項。如果你沒有行星在第七宮和第八宮，不表示你不會擁有關係，只不過那並非你人生的主要關注點。

你的行星

月亮指出你的情感風格，並影響你與他人的情感互動方式。如果你有月亮**天蠍座**，深刻的情感連結來得比月亮**雙子座**更自然，或者更精確地說，擁有月亮雙子座的人會透過看似輕鬆的方式來建立關係，例如談話和分享想法。

金星是另一顆關係行星，代表情感和價值議題。金星**射手座**尋求有冒險意識的伴侶；金星**摩羯座**則重視承諾。

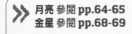

>> 第七宮 參閱 pp.104-05
>> 第八宮 參閱 pp.106-07

>> 月亮 參閱 pp.64-65
>> 金星 參閱 pp.68-69

>> 型態 參閱 pp.28-31

個案研究

戴倫（Darren）早婚，夫妻關係風風雨雨，當戴倫發現妻子有外遇時，兩人分手了。

戴倫在第七宮的巨蟹座有太陽—火星合相，並與巨蟹座下降點合相。關係是他關注的焦點，以相互保護並有共同目標為基礎。

牡羊座月亮與這個巨蟹座火星形成四分相，暗示防衛和戰鬥的面向。加上月亮與冥王星形成對分相，他容易感覺到被中傷或背叛，忠誠對他而言極為重要。

他在土星回歸時結婚，這是一個極具意義的時間：土星是他的命主星，與天頂合相。天王星過運他的牡羊座月亮時，他發現了妻子的外遇，這個過運啟動月亮—冥王星對分相，使祕密戀情被公開。他明白自己變得太過依賴伴侶，而排擠掉更有自我意志和活力的牡羊座月亮和雙子座金星。

天王星　海王星　土星

關鍵過運

任何移動緩慢的行星都能指出關係中的重要時間點，通常是在過運金星、月亮、下降點或第七宮和第八宮行星時。

當事態變得嚴重或當你結婚時，**土星**往往在場。許多人在這些過運時安頓下來，過起婚姻或家庭生活。相反的，你可能在**海王星**過運時談戀愛，因為它喚起你對浪漫關係的渴望。

你也可能在**天王星**過運時墜入愛河，因為它將你顛出舒適圈，改變了一切。

成立家庭

成為父母親養兒育女

人們說生養小孩絕無所謂的好時機，但占星學顯示孩子
會隨著星盤中某個關鍵相位被凸顯而出現——在典型的子女宮位
第五宮。的確，你的子女星盤代表你當時的過運，反映出該經驗
對你的意義。

你的**宮位**

第五宮反映懷孕和生產的經驗，以及將孩子帶進這世界的
強大創造行為。

如果你的**木星**在第五宮，你或許想要一個大家庭，而子女感
覺像是天賜之物。**土星**使事情變慢，可能讓你晚年得子，或者專
注於單親教養或培養為人父母的責任感。**凱龍星**在此可能代表收
養或領養小孩。

第四宮是家的宮位、家庭的熔爐或容器。第四宮是我們的
根基，向下觸及過去，具有家族遺產和王朝的感覺。

第十宮暗示你身為盡責保護子女的父母角色，在此的任何
行星和宮頭星座皆會為你強化這種傾向。

> 第五宮 參閱 **pp.98-99**　　第十宮 參閱 **pp.110-11**
> 第四宮 參閱 **pp.96-97**

你的**行星**

說起養育子女和照料家庭，
月亮有著關鍵影響力。月亮
所在星座、宮位和相位顯示你的照
顧方式，你可以從這個著眼點思考
你的長處和挑戰。

舉例來說，如果你的月亮在
獅子座，你能夠認同孩子的玩樂世
界，並成為講床邊故事的高手，或
者在陰雨綿綿的午後發想好玩的事
情來做。

對照之下，如果你的月亮在
處女座，你關切的是身體健康和建
立生活規範。

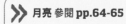

> 月亮 參閱 **pp.64-65**

個案研究

安德莉亞（Andrea）從來不想要有孩子。她的丈夫帶來前一次婚姻的兩名子女，安德莉亞發現自己成了繼母。

安德莉亞有四顆行星在第一宮，包括太陽在內，造成重心放在個人的自我發展。第十宮也是關鍵之處，包含了火星和命主星土星——安德莉亞將她的時間和精力投注在高負荷的吃力工作。

在第五宮雙子座的凱龍星暗示關於養育小孩的矛盾心理，她或許覺得她的技巧不足。考慮到凱龍神話中代理養育的故事，在第四宮、第五宮或第十宮的凱龍星，或者與太陽或月亮形成相位的凱龍星，都可能代表領養、收養或成為繼父繼母。

對安德莉亞來說，凱龍星對分土星致使她擔心無法被繼子女接受，也會恐懼隨之而來的繁重任務。她在過運的凱龍星與她星盤中對分的土星─凱龍星形成四分相時認識她的丈夫，幾年之後，安德莉亞的土星回歸將使她更自在地安於繼母的角色。

你的**黃道星座**

只要在你的朋友之間快速調查一下，就能證明沒有特定星座比其他星座更容易生小孩。巨蟹座與子女、家庭和保護滋養的直覺有關，如果你在**巨蟹座**有個人行星，家庭會是你的生活重心。然而每個星座都為養育子女帶來技巧和挑戰——你的**太陽、土星**和**天頂**（父母權威的象徵）所占據的星座、**月亮**和**天底**（照顧方式與家庭安樂窩），全都會在這個生活層面具象為你的需求和經驗。

» 巨蟹座 參閱 **pp.38-39**

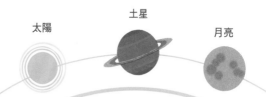

太陽　　　　　土星　　　　　月亮

關鍵過運

過運到以下所述星盤中的任何地方，可能與子女的出生發生在同一時間。過運第四宮，可能指出家庭結構的改變和增加另一名家庭成員（甚或家人的死亡，從而改變世代的等級）。

對男性而言，過運**太陽**或**土星**可能與成為父親同時發生，正如對女性來說，過運**月亮**（或第五宮守護星）可能和懷孕同時發生。

關於教養的決定

支持子女的成長與幸福

教養子女確實是極為辛苦的工作之一，需要持續不間斷的關注孩子和做出正確的決定，幫助他們成長茁壯、培養和發揮潛能。知道你自己和孩子的星盤會大有幫助。

你的**宮位**

第十宮是我們自立自足、假以時日培養內在權威感和領導能力的所在。第十宮也是父母宮位之一，傳統上代表母親，但更精確地說，此乃意味著使孩子社會化並引導他們進入世界的父親或母親。

無論你在這裡有什麼行星，只要與其他行星形成相位以及找出宮頭星座，都會道出你對於這個角色的感覺，轉而形塑你身為父母所做的決定。

➤➤ 第十宮 參閱 pp.110-11

你的**行星**

月亮攸關教養決定，構成照顧方式的基礎。舉例來說，如果你的月亮在**牡羊座**或**射手座**，比起一般父母親，你會給孩子更多的自由空間，因為你藉由鼓勵獨立來滋養他們；另一方面，如果你的月亮在**巨蟹座**，你可能會將安全放在第一位，以相互依賴和創造家庭安樂窩為優先。

木星與**土星**形成有趣的對比，如同「分別扮演黑白臉」，反映出歡樂與責任之間的互動。這是平衡做法的典型指標，木星表達的是自由和冒險；土星顯示你如何看待規則。

➤➤ 月亮 參閱 pp.64-65
木星 參閱 pp.74-75
土星 參閱 pp.76-77

個案研究

派崔克（Patrick）是兩名男孩的父親。他的長子雖然未滿十六歲，但想獲准與某個朋友一起去旅行。

派崔克的星盤由巨蟹座支配，這個星座中含有他的上升點、水星、土星、太陽和命主星月亮，全在第一宮和第二宮。巨蟹座是懷著保護心的保守星座，有強烈的家庭傾向，在此提供的保護遍及自己和其他人，是派崔克在評估兒子能否照顧自己時所考慮到的事。派崔克在十五歲時大概不曾夢想要離開自己安全的家。

此時派崔克的冥王星過運到他的土星對面。我們可視之為對巨蟹座土星的保護主義政策之挑戰，致使他害怕一切都可能出錯，但同時也是派崔克重新檢視深植於童年時期恐懼的機會。

土星

天王星

木星

關鍵過運

在做決定時，星盤會為父母和子女透露潛在的問題。例如，如果你有**土星過運**，而你的孩子受到**天王星**的影響，當孩子想要把握住機會時，你可能忙著指出隱藏的危險，孩子弄不清楚你為何不理解他們的興奮。這時便需要溝通。

行星的週期循環顯示每個家庭成員已經達到的階段。例如第一次**木星回歸**發生於十一至十二歲，許多孩子換了學校，在學習方面大幅躍進。**土星半回歸**發生於十四至十五歲，代表在邁向成年的旅途中，孩子會遇上的障礙。

你的黃道星座

四元素

每段父母與子女的關係各有差異。舉例來說，如果你明白自己是積極外向的火象人，但孩子的大多數行星都落在水象星座，只有在你瞭解他們的敏感與內向後，方可帶領他們踏上不同的道路。

型態

如果你有行星在**創始星座**，要做決定往往並不複雜。創始能量暗示對前方的路有清楚的方向感。

對**固定星座**而言，他們的直覺是反覆思考和從容不迫地做決定，這或許會讓創始本質的孩子感到挫折。

變動星座寧可根本不做決定，所以重要的事情可能會引發焦慮和自我懷疑——你需要讓自己有時間探索全部的選項。

 元素、型態 參閱 pp.28-31

競爭

運用自己的才能

有人自認天生喜好競爭，有人似乎對自我推銷的想法有所保留。然而我們全都以各自的方式與人競爭。驅使你競爭的因素縱使迥異於別人，但仍會給你同等程度的刺激。

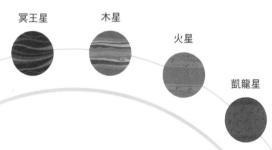

冥王星　木星　火星　凱龍星

關鍵過運

過運到你的**第七宮**可能預示一段新關係，但同時也預示出現新的對手，有時還可能是同一個人。舉例來說，當**冥王星**過運第七宮時，產生的競爭態勢彷彿一場生死對決，涉及妒忌或背叛。當**木星**過運第七宮時，競爭也許集中於某個富有影響力或確實具有影響力的人。

過運火星暗示與火星關係的最新篇章。同樣的，過運行星的本質會定義這段關係，例如**凱龍星**可能顯示出同情、寬恕和勝利一樣強而有力。

你的宮位

第七宮在傳統占星學中被視為「公開的敵人」宮位，如果你有任何即將出現的競爭對手，他們很可能具備你第七宮行星和星座的性格特質。此宮位的行星變成競爭焦點，也可能是你想證明勝過某人的欲望，因為這些驅力通常是在激烈的競爭關係中被培養出來的。

　　舉例來說，如果你有**牡羊座水星**在第七宮，你可能透過參與激烈的辯論和爭執來測試與培養自己的溝通技巧。

≫ 第七宮 參閱 pp.104-05

個案研究

瑞秋（Rachel）是作家，她從不認為自己愛好競爭，直到參加編寫廣播劇比賽。

瑞秋的火星位於第五宮的摩羯座。在摩羯座時，火星集中精力且具有生產力，而在第五宮，瑞秋將這股能量注入她的創作工作。她的創造力獲得肯定，使這種衝勁和力量源源不絕。火星守護她的第九宮——她想在更高的思維層次開闢新天地（牡羊座在第九宮宮頭），將這些開創性的想法灌輸到她的創造力

（在第五宮的火星）。

海王星支配她的第七宮，並於第二宮與火星形成四分相。她不曾富有過，時常覺得自己的作品不具商業價值。在摩羯座的冥王星，於她參加寫作比賽時過運這個火星－海王星四分相。受到有酬勞且專業的工作激勵，證明她的能力足以贏得比賽。

你的行星

♂ **火星**是評估你的競爭精神時，需查看的重要項目。在**火象星座**的火星暗示你會公開地與人競爭，並運用引人注目的才能擊敗競爭對手。如果火星在**土象星座**，你可能急於證明你的效率和務實的幹勁。火星在**風象星座**暗示智力方面的競爭；若是在**水象星座**，你可能藉由微妙的手段和情感角逐贏得勝利。

火星占據的宮位指出你想要出人頭地的所在。例如火星**第二宮**，你準備為你分內應得的金錢而奮戰；如果火星在**第十宮**，你可能熱中於職位升遷。

你的黃道星座

牡羊座與**天蠍座**值得你思考一番，因為這兩個星座都由**火星**守護。如果你在這些星座中不止有一顆行星（可將上升點計算在內），這暗示火星對你而言是重要的行星，儘管火星的所在位置將形塑你的競爭方式，但火星具有強烈影響力的事實，意味著能夠測試並培養戰鬥精神的形式將吸引著你。

如果你在此處沒有行星，可以查看牡羊座和天蠍座在宮頭的宮位，那是驅使你採取行動和不懼衝突的生活層面。

≫ 火星 參閱 **pp.70-71**

≫ 牡羊座 參閱 **pp.32-33**
  天蠍座 參閱 **pp.48-49**

「每次過運都有目的且含帶個人訊息，但我們得準備好問出對的問題和參與正在發生的事。」

克蕾兒・馬汀

《繪製心靈：第三冊光陰——時間的占星學》

(*Mapping the Psyche: Volume 3: Kairos – the Astrology of Time*)

處理紛爭

講和以及與他人和睦相處

我們不時會意見不一致。有些可能是微不足道的爭執，或者為了保全面子的舉動，有些則是在關鍵時刻造成分手的原因。無論是哪一種，占星學幫助我們看清每個爭執底下潛在的課題。

你的**宮位**

　　某些爭執集中在**第七宮**和**第八宮**，因為其內容往往是無意識且關乎情緒的，也因為夥伴關係喚起我們的這些面向。

　　與鄰居的紛爭通常集中於**第三宮**。如果你與朋友發生爭執，可以查看你的**第十一宮**，找尋爭執原因底下的線索；與同事的口角可能是**第六宮**或**第十宮**的議題。

　　你可以檢視爭執的本質，並設法在星盤中找尋根源。當你對某事抱持強烈的意見，便可視之為關於你自己的行星位置和行星分布的主題。

》 宮位 參閱 pp.90-115

你的**行星**

　　金星與**火星**在古希臘和古羅馬時代，是阿芙蘿黛蒂與阿瑞斯，或者說維納斯與馬爾斯的神話故事，反映古代的愛與衝突哲學，那是愛／吸引力以及衝突／分離的強大宇宙力量。

　　星盤中金星與火星之間的關係也存在相同的情況。你依據火星而戰鬥，可能是有紀律的軍事謀略（**火星在摩羯座**），或情緒化的格鬥（**火星在巨蟹座**）。你也會依靠金星講和，或許透過口頭的道歉（**金星在雙子座**），或以古典的謝罪禮物，也就是食物（**金星在金牛座**）來道歉。

》 金星 參閱 pp.68-69
　 火星 參閱 pp.70-71

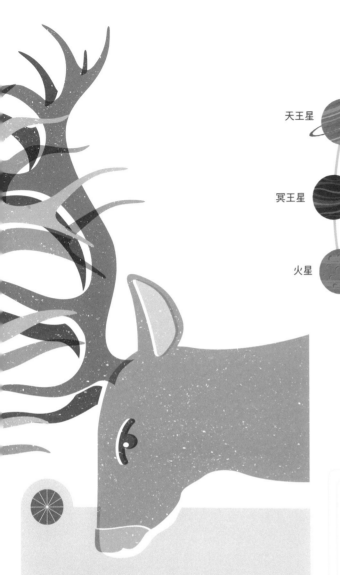

天王星

冥王星

火星

關鍵過運

意見不一致意味著存在暴躁易怒的行星。在長時間持續的爭執中，**天王星**或**冥王星**的過運可能是造成衝突的背後因素，尤其與你星盤中的某顆行星形成四分相或對分相時，更會引燃緊張態勢或挑釁。

短暫的爆發暗示為時較短的**火星過運**。當火星過運你的第七宮或第八宮，或與某顆個人行星形成四分相或對分相，便存在著發生爭執的可能性。光是意識到此事，就足以避開時機不對或不適當的報復，甚或順勢讓它爆發出來消除怨憤。

你的黃道星座

　　某些星座比其他星座更好爭論，但未必有意造成衝突。**牡羊座**是由火星守護的星座，傾向於直言坦率；**天蠍座**也是由火星守護，但偏好隱密的行動和消耗戰。比較敵對者的星盤中某特定行星所占據的星座，可顯示出其觀點上的根本差異。例如**木星在射手座**的人傾向於理想主義和相信自己的真理；**水星在雙子座**的人以幽默的方式爭辯；而**水星在獅子座**的人喜歡具權威感的發言。

» **黃道星座** 參閱 **pp.32-57**

個案研究

克莉絲汀（Christine）和羅蘋（Robin）是同事。她們對於如何管理某個共同計畫的意見不合，因此阻礙了進展。

　　相較於羅蘋的星盤，克莉絲汀的星盤以火象星座較占優勢。她有射手座上升點，由在第三宮牡羊座的木星守護，她的過度熱忱可能會變質為以言語或聰明凌人。

　　叛逆的天王星位於她的上升點，與雙子座火星的對分相可能引發言語交鋒。固定的金牛座太陽和天蠍座月亮，使她不願妥協──不同於羅蘋變動的雙魚座月亮和處女座太陽。羅蘋擁有占優勢的處女座和天秤座，她喜歡幫助別人和團隊合作。我們可以立即看出她與擁有強勢星盤的克莉絲汀，兩人在作風上的衝突。

　　然而，克莉絲汀擁有強勢的管理能力，總能想出新點子，加上羅蘋的處女座對於細節的關注，和天秤座擅長的人際關係技巧，如果她們能欣賞彼此的長處，便可成為絕佳的合作夥伴。

爭吵與緊張氣氛

找到解開僵局的辦法

大多數人都會迴避衝突。一旦爭執爆發成全面展開的爭吵，
處理起來就會變困難。占星學有辦法幫助消除緊張的氛圍。

個案研究

康妮（Connie）的丈夫馬克（Mark）是車迷，將大部分時間花在汽車拉力賽。康妮為此感到生氣，同時覺得被忽略。

康妮的天秤座上升點和位於第三宮摩羯座的命主星金星，賦予她沉著冷靜的風度。她的太陽同樣位於第三宮的摩羯座，使她成為成熟穩重、判斷力良好的人。

在牡羊座的火星與下降點合相，道出她認為馬克對她有吸引力的原因——有活力和步調快速。她可能發現自己難以表現這樣的火星，所以覺得馬克渾身充滿力量；火星人馬克的汽車卻隱然變成戰場。

爭吵爆發於過運的牡羊座天王星穿越火星並進入康妮的第七宮。在與摩羯座太陽形成的四分相中，她用力爭吵以維持掌控權，但這次過運對她而言是接受火星的力量和誠實表露感覺的機會。

你的宮位

　　並無特定宮位比其他宮位涉入得更深，我們往往在被挑戰或被輕視時捲進衝突，那時我們的安全感受到威脅，或者是作風和別人不對盤。因此衝突可能涉及你星盤的任何層面。

 第七宮　不過我們可以查看第七宮，那裡是我們意識到自己的感覺或行為的所在，因為在第七宮的感覺或行為往往會投射到別人身上，並在該關係中相遇。舉例來說，如果有**凱龍星**在第七宮，你可能覺得自己沒有滿足伴侶的期望，或者**冥王星**在第七宮時，你可能感覺別人擁有更多權力，因而導致氣氛緊繃。

 第七宮 參閱 pp.104-05

你的黃道星座

元素

　　火象星座最熱中於衝突，如果有個人行星在火象星座，可能會過度沉迷於自己的看法，導致忽視別人的觀點。

　　土象星座展現冷靜鎮定的反應，有行星在土象星座時，較不容易被激怒。

　　風象星座是所有星座中最平和的星座，在意有風度的互動關係。你傾向於用邏輯與理性來處理爭吵和衝突。

　　水象星座致力於隱藏的情感暗流，如果有個人行星在水象星座，你或許無法清楚表達你的感覺，但情緒卻會影響到相處的氛圍。

 元素 參閱 pp.28-31

你的行星

　　火星往往是難纏的行星，許多人與火星關係不良。難怪傳統上火星被稱作「小惡人」，象徵人類天生好戰和搞破壞的傾向。克制住自己的火星是邁向成功處理衝突的一大步。

　　火星相位影響你表達這顆行星的方式。土星與火星的四分相暗示著需要極努力控制火星熱烈激昂的傾向，使之從容穩重、不易發怒。另一方面，天王星與火星的四分相象徵急躁且缺乏耐心。

 火星 參閱 pp.70-71

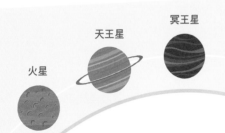

關鍵過運

　　過運**火星**激起我們的戰士精神，此時往往可見我們的反擊。火星的過運會對背景中行走較慢的社會行星或外行星過運產生影響，當中快速移動的火星可能引燃已經在表面下悶燒的情勢。

　　關於紛爭，**天王星**或**冥王星**過運暗示局面緊繃的時期，往往因為這些行星帶來的深刻改變而引爆。尤其是過運到你星盤中某顆行星的對面時，你能察覺到來自別人的反抗或對立。

分手——該留下或離開？

處理關係危機

關係會造成我們生命中某些最棘手的時刻，有時分道揚鑣似乎是無法避免的事，占星學幫助我們判斷這是否是最好的辦法。

你的**宮位**

如果你在**第七宮**有行星，這些行星可以說明是什麼讓你覺得伴侶有吸引力，以及讓你離開的事物為何，尤其是當你們的關係無法滿足這些需求時。以往我們愛上對方的原因，到頭來往往變成討厭對方的理由，但至少其中有一部分取決於有時難以理解的第七宮，在那裡我們有將此處行星象徵的特質投射到別人身上的傾向。

第八宮　我們可以說婚姻完成於第七宮，但時常在第八宮破裂。金錢是典型的引爆點，一如不忠，兩者都能喚起第八宮的背叛感。

你的**行星**

月亮往往位居關係的核心，不過就吸引力而言，金星可能是更明顯的行星，但月亮遲早會成為維繫住關係的重要因素。

月亮指出你的基本需求，如果這些需求在關係中未獲得重視，會使你感覺不舒適且無助。你的月亮未必要與伴侶的月亮位於相同的星座、元素或型態——儘管許多關係在不同的月亮風格中茁壯，但瞭解伴侶的內在需求極有助益。

》 第七宮 參閱 pp.104-05
》 第八宮 參閱 pp.106-07

 月亮 參閱 pp.64-65

關鍵過運

人們往往在過運到下降點或其守護星、第七宮或第八宮行星、金星或月亮時分手；**天王星**、**海王星**或**冥王星**的過運，時常發生於某段關係的關鍵時期。

天王星過運會與突發事件和領悟同時發生——天王星可能帶來分離，或使我們措手不及的狀況。**海王星**過運感覺像是穿越濃霧，在局面尚未明朗之前無法下定論。**冥王星**給人勢不可當的感覺，甚至奪走我們的控制權，或許唯一的辦法是臣服，並相信最終的結果是走出黑暗，邁入新篇章。

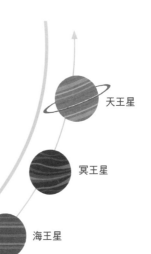

天王星

冥王星

海王星

個案研究

梅拉妮（Melanie）與保羅（Paul）結婚十五年，育有兩名子女。但她不再愛保羅了，並為此感覺煩躁不安。

第四宮和第五宮是梅拉妮的關鍵宮位。第四宮含有她的命主星，位於處女座的月亮，還有在天秤座的金星—冥王星緊密合相。這凸顯出她的人生以家庭生活和關係為基礎。或許與她察覺到自己的父母親是緊緊結合在一起的「超級夫妻」（在第四宮天秤座的金冥合相）有關。

第五宮有五顆行星，包括太陽在內，使這個宮位顯得極為重要。第五宮是子女宮，也是代表浪漫關係和創造力的宮位。就生活層面而言，在此宮位的火星—天王星代表對浪漫刺激的需求——迥異於她的摩羯座下降點所象徵之穩定又成熟的伴侶。過運的冥王星當時在她的下降點，很快與火星—天王星形成四分相。如果她能透過滿足她創造性的獨立性，解放內在的這股能量，兩人的關係可能得以持續下去。

你的**黃道星座**

下降星座

下降星座在關係中極為重要，所以值得探索，因為它反映出形成或破壞夥伴關係的經驗。舉例來說，如果你有**金牛座下降點**，你可能會從伴侶身上找尋物質安全感，如果這種安全感受到危害，你會因此失望。同樣的，**天蠍座下降點**暗示以深情為基礎的交流，會無意識地測試伴侶的忠誠度，這將引發天蠍座最害怕的背叛感，甚至可能動搖關係。

》 下降點 參閱 pp.120-21

開口道歉

恢復平靜與和諧

如同那句歌詞「對不起似乎是最難開口的話語」。道歉意味著承認我們的錯誤，此舉被某些人視為弱點。我們該如何為緊張的情況帶來一點金星的和諧，同時保有尊嚴和優勢？

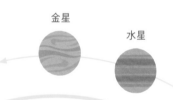

金星　　水星

關鍵過運

在關係或友誼的困頓時期，說對不起意味著願意從別人的觀點看事情。這種調解精神暗示著彼時正是**金星**勝過火星的時候，或者作為調停者和使者的**水星**能傳達合適的話語來改善情況。

這類過運為時雖短暫，但在長期過運，已造成根深蒂固的成見狀況下，例如**天王星**或**冥王星**過運，仍有可能改變形勢，促成調解的進行。

你的**宮位**

第三宮與任何形式的溝通都有關聯，在此宮位的行星道出你的說話風格，並視所在星座而不同，第三宮的**金星**應對圓滑得體；**火星**直率且不願妥協；**木星**可能過度熱情；**土星**較為沉默寡言。你的第三宮行星象徵著你如何傳達訊息。

如果你發現自己與某人的關係陷入僵局，**第七宮**是值得探索的宮位。第七宮暗示某些無意識的暗流，透露你與他人的關係。若有好鬥的行星在此，例如**火星**或**天王星**，往往會比**金星**或**海王星**更不願意讓步。

≫ 第三宮 參閱 **pp.94-95**
第七宮 參閱 **pp.104-05**

個案研究

尼克（Nick）與最好的朋友為了一筆借款長期爭吵，
他後悔說出一些危及兩人友誼的話。

尼克擁有獅子座上升點，命主星太陽與位於第一宮獅子座的水星和天王星合相。由於獅子座裡有這麼多顆行星，打退堂鼓實在不是尼克的作風——獅子人不喜歡丟臉，克服這個問題會是一項挑戰。

因為第二宮有四顆行星，所以這個爭吵涉及金錢並不令人意外。在處女座，金錢既是助力也是阻力。處女座雖展露出謙遜的一面，但他的火冥合相感覺起來並不那麼寬容。

他的第十一宮由金星守護。儘管情勢堪慮，但他很可能依然重視這段友誼，以此為重點會是未來的方向。當金星過運他的第七宮，與獅子座的行星形成對分相時，他運用這個短暫的機會提出道歉。

你的**行星**

♀ **金星**幫助我們向人陪罪。作為應對進退合宜得體的首要行星，星盤中的金星暗示你如何遞出和平的橄欖枝。在**牡羊座**的金星不像在風象星座或**雙魚座**的金星那麼願意順從。但在牡羊座的金星一旦願意道歉，便顯得迅速俐落且公正，而雙魚座金星的道歉可能帶有自憐成分。

☿ 從**水星**與第三宮可看出你的溝通方式，無論你的水星與其他行星形成何種相位，都會進一步形塑這種風格。

你的**黃道星座**

天蠍座和**巨蟹座**比其他星座更容易懷恨或需要更長的療傷時間。身為固定水象星座的天蠍座尤其會產生無法釋懷的深刻感受，因為天蠍人不喜歡承認失敗。

但一向樂於助人的**天秤座**和**處女座**很容易開口道歉，即使不是他們的錯。變動星座整體而言傾向於避開衝突，說「對不起」有時成了脫身之計，被用來化解紛爭，好讓自己擺脫緊張狀態並重獲自由。

 金星 參閱 **pp.68-69**
水星 參閱 **pp.66-67**

 黃道星座 參閱 **pp.32-57**

轉換職業

展開職業道路

要判斷何時從事何種職業，通常需要思考和規畫。

時機很重要，星盤中的行星循環會顯示出何種對策或改變正合時宜。

你的**宮位**

天頂與第十宮 第十宮的行星加上天頂星座及其守護星，顯示你試圖達成的職業方向、可能促成轉向的事物以及你如何度過這些改變。舉例來說，**土星**在此象徵專注於取得掌控權而不願冒險；**天王星**則意味著需要刺激和催化改變。

第六宮 第六宮比第十宮更能描述你的工作，第六宮的工作多半是用來養家活口，而非點燃熱情的志業。當然，如果你有行星在此，第六宮可能是你的職業領域——行政管理或者與手藝或健康有關的工作。

> 》 第十宮 參閱 **pp.110-11**
> 》 第六宮 參閱 **pp.100-01**

你的**行星**

太陽 如前所述，太陽象徵你謀生的主要技能，因為它是你人格特質的核心，描繪出人生道路的本質。

如果你的太陽所描述的特質和才能，未能透過你的工作被彰顯和發展，成為不可能實現的抱負，這將是你大幅度改變職業方向的原因。

即使是最迷人的工作也免不了例行公事，重要的是培養和展現出你的太陽天賦，使之成為職業的一部分。

> 》 太陽 參閱 **pp.62-63**

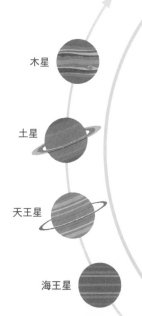

木星

土星

天王星

海王星

關鍵過運

過運**第六宮**和**第十宮**、**天頂**守護星和**太陽**是值得關注的重點，也要留意你的工作領域。舉例來說，如果你是個有行星在第三宮的小學老師，過運這些行星將會影響你的職涯。

重大的改變可能發生在任何行星過運時。**木星**過運暗示升遷或接受進一步訓練；**土星**暗示責任加重或專業化；**天王星**可能帶來突然的改弦易轍；而**海王星**使你對該往哪個方向產生懷疑。

你的黃道星座

探索星盤中的型態平衡，可以大概知道對於轉職你該如何反應。

創始 你喜歡能提供你快速升遷機會的職業，以及充滿活力，並給你一定程度行政控制權的環境。

固定 你偏好以比較緩慢、有節奏的方式培養技能。可能傾向於在一段時間內固定跟隨某個雇主或從事某種類型的工作。

變動 多樣化是生活的調味品，變動星座占優勢的型態暗示曲折多變的職業道路，讓你得以不時變換興趣。

>> 型態 參閱 pp.28-31

個案研究

茱蒂絲（Judith）年近四十，最近被裁員。現在她必須重新規畫未來，思考下一步。

在中年過運期間必須轉換職業跑道並非罕見的事。這包括冥王星與其在星盤的位置形成四分相。當她被裁員時，冥王星正過運摩羯座，逐漸靠近這個四分相。在茱蒂絲的星盤中，冥王星與上升點合相，與天頂－天底軸形成四分相，因此冥王星與冥王星的四分相是影響這個大局的主因。

「被裁員」使人直覺性地認為自己不再有用處。但冥王星的行動是掃除任何對我們不再適用的東西，或許暫時會讓人感覺衰弱，但只要懷抱希望，在重新站起來後會變得更強壯、更有決心。茱蒂絲的對策是仔細思考讓自己在個人（第一宮冥王星）、家庭（天底）和職業（天頂）方面徹底改變方向，對她而言，三者確實息息相關。

「占星學能說明個人的危機時期，事實上也是幫助我們發現自我的考驗期。」

琳賽・里弗（Lindsay River）與莎莉・吉萊斯彼（Sally Gillespie）
《時間之結》
（ *The Knot of time* ）

搬家

度過居住地的改變

搬家往往是生活中壓力較大的事件。這或許不令人意外,因為就占星學的角度而言,代表家的星盤領域也是情感深刻連結的所在。

你的宮位

天底與**第四宮**描述家作為實質的場所,以及作為根源、安全感和基礎的內在感受。

如果你的**木星**在第四宮,你對於到處旅行或許感覺相當自然,甚至選擇定居外國;若**天王星**在第四宮,你會經歷多次搬家的變動。如果**太陽**或**月亮**在第四宮,你可能與家和家鄉有強力的連結,要將自己連根拔起不是件容易的事。在此宮位的太陽暗示你的生活在某種程度上以家為中心,而月亮代表你的幸福感與家密不可分。

➤➤ 天底 參閱 pp.122-23
➤➤ 第四宮 參閱 pp.96-97

你的行星

月亮是我們內在的安全感——不光是指帶給我們安全感的自身行為模式,還有幫助我們茁壯的人、經驗、地方和氛圍。月亮所占據的星座,是能找出你對搬家有何感覺的重要線索。例如月亮在**牡羊座**暗示願意跨入未知領域;月亮在**巨蟹座**可能難以切斷連繫;月亮**雙魚座**的策略可能是選擇平和的環境,以獲得從容適應新住處的能量。

➤➤ 月亮 參閱 pp.64-65

你的黃道星座

天底星座

天底起始於第四宮，在此宮位的星座反映了早年家庭生活經驗，以及你想為自己創造的家的類型。

你可以查看天底所占據的星座，幫助你度過居所的改變。如果你有**金牛座**天底，搬家對你而言可能像是一場浩劫，應付的辦法之一是盡可能提早為這個變化做好準備。另一方面，在天底的**牡羊座**可能會讓你的行動像射出的子彈一樣迅速，急著向前且不流連回顧。

» 天底 參閱 pp.122-23

個案研究

米莉（Millie）與兩位朋友分住一棟房子。她存夠了錢，付擔得起自己的公寓，於是決定購置她的第一筆房產。

米莉的第四宮包含在處女座合相的月亮和土星，透過月亮守護的第二宮和土星守護的第八宮，形成與金錢宮位的有趣連結，因此這次的購屋代表（且必須是）健全的金融投資。簡而言之，米莉的幸福感（月亮）和她償付貸款的能力有關。幸好位於處女座的月亮和土星對金錢極為謹慎。

買房的事迅速發生，因為過運的天王星行經她的第十一宮水星，亦即處女座天底守護星，並與月亮和土星形成十二分之五相。這讓米莉緊張不安（擁有巨蟹座上升點、三顆在處女座的行星以及金牛座太陽，她偏好小心為上），但藉由仔細留意貸款文件的附屬細則可得到緩和。

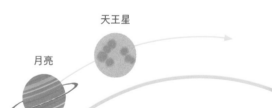

天王星

月亮

關鍵過運

搬家往往發生在社會行星或外行星過運天底、天底守護星或第四宮行星時。其結果是重塑我們的基礎，以及重新適應內在並反映於外在的搬家經驗。

過運**月亮**反映出情感上的衝擊。舉例來說，過運的**天王星**與**月亮巨蟹座**形成四分相，暗示一段產生不安全感的迷惘時期。如果這與搬家同時發生，表示你的寄居蟹心理急著重建安全感。

騰出時間

假期、休假與工作空檔

我們不時都需要適當的休息。無論是在海邊度假一週、放年假或安排出國旅遊的行程，這些時間不僅為我們重新充電，也賦予我們迎接生命下一階段的力量。

你的**宮位**

　　第五宮　星盤中的任何重要元素都可能決定你喜歡何種假期，但休閒時間是以第五宮為中心，此處是促成我們生命力與元氣之所在。這或許對老闆起不了什麼作用，但掌管假期的第五宮占了生活經驗的十二分之一，定期的休息是我們幸福的基礎。

　　請善用你的休假時間，選擇符合以下描述的活動：例如你的**水星**在第五宮，你可以選擇健行；第五宮的**木星**可能會受到有文化氣息的場所吸引。

 第五宮 參閱 pp.98-99

你的**行星**

　　太陽是我們活力的核心火焰。依據你的太陽星座行事，參與該宮位所代表的活動，是增進能量與活力的重要方法。例如太陽位於**第一宮**，你可能需要時間獨處以恢復能量——有別人在場可能會將你榨乾。若太陽在**第六宮**，你也許喜歡在空閒時蒔花弄草或自己動手做做園藝。太陽在**射手座**可能意味著你樂於探索遠方；太陽落入**水瓶座**代表你享受和一群朋友一起度假。

 太陽 參閱 pp.62-63

你的**黃道星座**

　　某些星座天生比其他星座更熱愛工作，有些則需要較緩慢的步調。**摩羯座**（或其守護星，也就是土星）往往在有強烈職業道德者的星盤被凸顯而出。對照之下，**獅子座、天秤座**或**雙魚座**比較需要休息時間，用以玩樂、放鬆或做夢。

　　黃道星座各有其理想的度假方式。**火象星座**偏好從事冒險活動的休假；**風象星座**需要認識新面孔的機會；**土象星座**也許會來個生態之旅；而**水象星座**偏好選擇在海邊或寧靜悠閒的地方逗留。

 黃道星座 參閱 pp.32-57
元素 參閱 pp.28-31

關鍵過運

木星約花費一年時間行經一個平均大小的宮位，而**土星**歷時兩年到三年。當木星過運你的第九宮時，你可能會想要休假去旅行；**土星**穿越第十二宮時也許會使你渴望遠離人群，擁有獨處的時間。

規模較小的是**太陽**，僅花一年時間過運整個星盤。在太陽過運你的第五宮時可能會讓你想去度假，凸顯出「我的時間」；當太陽穿越你的第四宮，你可能會去探訪親戚。當月亮位於這些相同宮位時，即使只是安排一個週末假期，也會順應你的星圖趨勢。

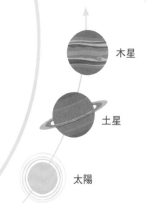

木星

土星

太陽

個案研究

雷（Ray）自從十八歲離開學校後便不斷工作。在四十八歲時他決定休假一年去旅行。

雷的太陽位於第九宮的射手座，與他的命主星海王星合相，遠方的呼喚十分強烈；到國外度假能暫且滿足這種渴望，但在此處的太陽暗示他在尋找意義更為深刻的事物。

當時，過運的海王星正與他的太陽和海王星形成四分相。因此這趟旅程可能是為了開啟他的藝術潛能。畢竟這個合相連同雙魚座上升點，都隱隱指向一位夢想家、詩人或浪漫的旅人。所以這個休假年可能是他人生下一個篇章的前奏曲。

財務問題

何如應付財務困境

試著依靠有限的收入過活或處理債務是重大的挑戰。占星學雖然無法立即帶給你更多錢財，但當你陷入財務困境時，星盤會提供線索，告訴你如何克服問題。

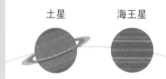

土星　　　海王星

關鍵過運

請查看通過第二宮和第八宮的過運，並配合利用過運的能量，而非加以抗拒。

當**土星**過運你的第二宮，你可能需要縮衣節食、拜訪財務顧問，或是你終於擺脫了試算表和計算機。最終的結果是你對財務將更有掌控感。

過運**第八宮**往往使我們陷入金錢的煩惱。海王星過運第八宮可能使你糊里糊塗，冒然從事不明智的投資，或借錢給將捲款逃跑的人。

你的宮位

第二宮反映你與金錢的潛在關係，以及與金錢有關，且往往是根深蒂固的模式。例如，如果你的**月亮**在第二宮或宮頭**巨蟹座**，你的幸福感會跟著銀行存款餘額起起落落，兩者都容易變動。你可能是白手起家，從赤貧變鉅富，但**土星**在第二宮時，你可能永遠都感到匱乏，明明是百萬富翁卻仍然用超市購物的預算買東西。

第八宮關乎債務以及我們與提供貸款、抵押和銀行等機構的關係。在第八宮宮頭的**摩羯座**暗示恪盡職責和堅守契約；**射手座**在簽字之前只會瞥一下金額數字。

» 第二宮 參閱 **pp.92-93**
第八宮 參閱 **pp.106-07**

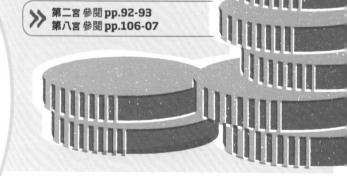

個案研究

寇蕾特（Colette）的丈夫過世時，有幾筆債務曝光。她不僅無法退休，還被迫賣掉她的房子。

寇蕾特擁有一個大十字相位，由第二宮金牛座的月亮和火星，對分第八宮的天蠍座木星，以及第五宮的獅子座天王星對分第十一宮的水瓶座凱龍星。這結合了對財務穩定的需求（在第二宮金牛座的月火合相）與精明投資的能力（木星在第八宮的天蠍座），但天王星和凱龍星也存在著不可預測的成分。在第八宮的射手座太陽和金星，暗示渴望金錢流入，她將理財權力交給丈夫，結果未能監控他們的共同財務。

這時第八宮的守護星冥王星正過運天頂。她覺得別無選擇，只能面對危機，將祕密公開並接手掌控兩人的財物。

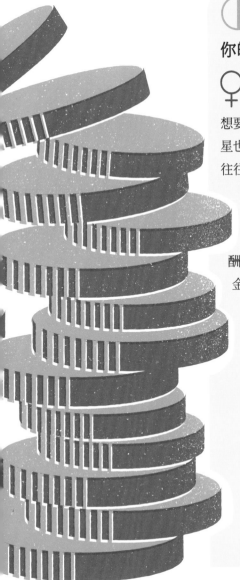

你的**行星**

♀ **金星** 金星固然不是傳統上象徵金錢的行星，卻是星盤中你想要獲得帶給你歡愉事物的所在。金星也與自我價值有密切的關係，我們往往透過金錢看到這點。舉例來說，如果你的金星在**雙子座**，或許你希望因寫作才能而受到重視，對你而言，這種賞識以金錢報酬的形式呈現是重要的。如果你的金星在**第一宮**，你渴望有錢穿著昂貴的服裝，因為這能增進身分認同和自信。

>> **金星** 參閱 **pp.68-69**

你的**黃道星座**

四元素

⛰ 土元素最能理解物質世界，在土象星座有個人行星的人通常具備賺錢、省錢和投資金錢的本領。

🔥 另一方面，如果你有幾顆行星在火元素，你也許行事比較不假思索。土元素會耐心儲蓄，而火元素則靠投機或賒帳度日。

十二星座

金牛座與**獅子座**傳統上與金錢、財務和銀行業務有關。有個人行星在這些星座的人，常會發現他們擁有點石成金的本領。**雙魚座**是十二星座中最脫俗的星座，往往比大多數星座更不在意金錢。

>> **元素** 參閱 **pp.28-31**
>> **黃道星座** 參閱 **pp.32-57**

健康議題

維護你的幸福

當你認清星盤的需求與節奏，星盤便能幫助你維護健康和幸福。第六宮和第十二宮傳統上是掌管健康與疾病的宮位，但最終仍需縱觀整張星盤。

你的**宮位**

第六宮暗示你維護身體（以及情感）機能，使其有效運作的方法。健康議題不必然在過運第六宮時發生，然而一旦發生，強化你在星盤中第六宮的行星，並試著瞭解過運更深刻的重要意義，會對你有幫助。

第十二宮傳統上是疾病宮位。但不等於說你在第十二宮有行星就會生病，而是代表可能存在未解決的情感問題。舉例來說，如果你的**月亮**在此，你可能沒有表達出你的感覺，而過運到這個月亮時會解放這些感受，使你的情緒與身體同時處於壓力之下。

> 第六宮 參閱 pp.100-01
> 第十二宮 參閱 pp.114-15

你的**行星**

每顆行星都可視為一種過程：**水星**將事物從甲處移動到乙處，**木星**擴張，而**土星**收斂，諸如此類。如同星座與宮位，這種過程既是生理的也是心理的過程，瞭解你心理壓力的來源能幫助你洞悉生理症狀的成因，反之亦然，兩者往往相互呼應。

就此意義而言，整張星盤都是維持健康的關鍵，而且過運任何行星時都可能產生健康議題——或許靈魂是透過症狀在說話，表達與各個行星有關的某些深層問題。

> 行星 參閱 pp.62-85

個案研究

約書亞（Joshua）即將參加大學期末考，此時卻恐慌發作，可能造成他考試失常。

約書亞的星盤中，變動星座極占優勢。他的上升點和三顆行星都在雙子座，包括與木星和火星形成變動 T 形三角的水星—金星。他的月亮在牡羊座，與處女座火星形成緊密的十二分之五相。這暗示大量主動、急躁和緊張的能量，若透過規律的運動加以宣洩會帶來好處 —— 他具備雙子座的善變心思，難以停止胡思亂想。此時在射手座的土星正過運這個 T 形三角。雙子座往往會陷入沒有解答的內在對話，但他跟諮商師好好談過之後成效良好，過運第七宮的土星是諮詢外部顧問的明顯象徵。

海王星

你的**黃道星座**

十二星座與身體部位

每個星座皆守護一個身體部位，從**牡羊座**的頭部到**雙魚座**的雙腳。**金牛座**主宰頸部、**雙子座**是手臂和雙手、**巨蟹座**是胸肺、**獅子座**是心臟和脊椎、**處女座**是腸胃、**天秤座**是腎臟、**天蠍座**是性器官和排泄系統、**射手座**是大腿、**摩羯座**是膝部，而**水瓶座**支配腳踝。

星盤中的一切都涵蓋與身體及情感相關的面向。因此占星學是顧及整體的，連結靈魂與身體。舉例來說，**火星處女座**暗示腸燥熱，而過運到此可能外顯出反映此一象徵的疾患，例如大腸激躁症。當我們的健康受到危害時，從身心的層面進行思考可能會有幫助。

» **黃道星座** 參閱 pp.32-57

關鍵過運

為了能在特定時候支持鼓勵自己，追蹤星盤過運並以相應的方式做出回應，會對你有助益。

舉例來說，如果你正在經歷**海王星**過運，這或許不是長時間工作或擔負額外責任的時候。這更可能是做夢、漂浮、想像和稍微脫離日常世界的時候。如果你做不到這種程度，或者不留意這種需求，可能會發現自己常常因未滿足海王星的需求，而累積緊繃和疲憊感。

面臨退休

善用你的晚年

對許多人而言，退休其實是退而不休。的確，許多人在晚年比他們人生其他時期更活躍。傳統上，占星師將退休置於第四宮，如今待在家裡往往不是我們會考慮的選項。

你的宮位

天底與第四宮傳統上與退休有關。這是有道理的，畢竟該宮位與退出這世界有關，正好跟關乎職業的天頂和第十宮相對立。

退休有時會帶來喪失專業地位或世俗目的的感覺。然而，在人生的某個階段，許多人開始適應免於「成為重要人物」的壓力，並開拓出另一條路徑。我們未必是「退出」，但在我們的晚年，家可能會成為更要緊的依靠，世俗因此變得沒那麼重要。

你的行星

太陽是你的核心身分認同和目的。在退休的日子裡，我們希望有機會探索新層次的太陽發展。我們無疑有一長串想做的事，但由於缺乏時間而持續擱置。

退休後我們可能有機會改變我們的太陽，最後做到坦然頌揚和強化自我意識的事，並發現人生倒數幾十年所成就的，或許和工作生涯中成就的事一樣重要。

天底 參閱 pp.122-23
第四宮 參閱 pp.96-97

太陽 參閱 pp.62-63

個案研究

路易絲（Louise）已經五十多歲，她想要退休，花更多時間陪伴孫子和投入她的創作計畫。

路易絲擁有金牛座上升點，命主星金星位於第四宮，與在巨蟹座的北交點和天底合相。她的太陽也位於第四宮。北交點和金星指向關鍵之處的天底，路易絲人生的主要任務向來是創造一個安樂窩，她是家中的核心人物。

她的獅子座太陽守護第五宮，第五宮內包含了獅子座水星和處女座月亮。子女一直是她的生活重心，而個人創造力（第五宮）也同等重要。

過運牡羊座的天王星與她的天頂—天底和交點軸形成四分相，這時她首度感覺到需要做出改變。天王星過運往往會喚起想要更多自由的需求，這是她跨出一步的機會。

你的**黃道星座**

如果你認為退休能給你時間專注於未實現的太陽目標，可以查看**太陽星座**，探索人生最後幾十年可能成就的事。

如果你的太陽在**水瓶座**，也許退休後代表開展社交的時期；若你的太陽在**雙魚座**，也許會開始從事水肺潛水。當然，如同大多數事情，我們需要考慮整張星盤。所以你也可以查看各別星座中的其餘個人行星，並想像所有尚未被發揮的潛能。

 黃道星座 參閱 pp.32-57

土星

關鍵過運

五十八至五十九歲之間的第二次**土星回歸**是等同於退休的典型過運。當然，在五十八歲退休往往不可行，許多人寧可繼續工作。但土星回歸依舊是重要的分水嶺，是邁入老年和生命新篇章的儀式。

此時我們常會重新安排生活，以配合第二次土星循環期間我們忙著養育子女和繳貸款，而未曾設法去做的事。土星提醒我們時間是寶貴的商品。

喪親之痛

遭遇失落與悲傷

死亡是生命循環的一部分，關注週期循環的占星學幫助我們將死亡和喪失親人含納在生命之流中。第八宮直接訴說這個經驗，土星、海王星和冥王星的過運也是如此。

你的宮位

第八宮是關於喪失親人的宮位。這不表示在第八宮有行星，便注定要遭遇喪親之痛，但你可能會感覺到與這個生命面向的密切關聯。

例如有行星落入第八宮的人，往往有能力陪伴經歷喪親之痛的人。有些可能擔任專業的悲傷諮商師或葬儀人員，有些則擅長陪伴正在度過艱困時期的親屬，不害怕因此被勾起複雜情緒。如果**太陽**、**月亮**或**水星**在第八宮，情況尤其如此。**火星**在此暗示危機時刻的勇氣，**土星**則是堅忍。第八宮的行星提供你如何反應的線索。

>> 第八宮 參閱 pp.106-07

你的行星

海王星與**冥王星**可對應喪失的經驗。星盤中的海王星是我們以心靈而非肉體為基礎來創造關係的地方。海王星提醒我們物質世界轉瞬即逝，能超越死亡留存下來的是無形的事物，例如愛、回憶和靈魂的連結。

對照之下，冥王星是我們經歷「陰間旅程」的所在，在此我們被剝除多餘之物，只剩下核心，接著從而改造重建我們這部分的生命。冥王星是暗示「死亡」的兩顆象徵行星之一，另一顆是**土星**。冥王星暗示把死亡當作轉化的經驗，土星則是以死亡作為生命最終界限的經驗。

>> 海王星 參閱 pp.80-81
>> 冥王星 參閱 pp.82-83

關鍵過運

發現過運的**土星**、**海王星**或**冥王星**活躍於悲傷或失落的時期，可能是常有的事，這三顆行星的確描述了這些經驗通常會造成的艱困經歷。但這並不等於如果你有土星過運到月亮，你的母親便會死亡，或者當冥王星過運你第四宮的某顆行星，你的父親會死亡。

占星學無法說出某人何時會死亡，因為星盤是一幅象徵的地圖，顯示我們心中對某些事情的感覺以及如何做出反應。

土星

海王星

冥王星

你的**黃道星座**

元素

土元素較為堅忍且實際，如果有行星在土象星座，你可能會積極做好務實的安排，認為葬禮儀式和讀遺囑是榮耀死者的方法。

火，不朽的象徵，怒抗「垂死之光」，也許需要承認有超越必死的肉體而長存的精神。

星盤中有大量**風**元素的人，可能的反應方式是隔絕悲傷所產生的複雜情緒；找機會與信任的人談一談會非常有用。

對**水**象人來說，情感流動比較容易，因此可能會想辦法抑制情緒，或是以淚水來疏通情感的鬱結。

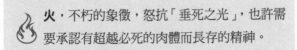

元素 參閱 pp.28-31

個案研究

克里夫（Clive）的妻子於二○○七年去世，他的世界為之崩潰。此後，他重建他的人生，並接受訓練成為悲傷諮商師。

當克里夫的妻子過世時，冥王星正過運他的射手座月亮。這個第七宮月亮描述婚姻中牢固的情感連結，而月亮是他在火象星座的唯一個人行星，對他來說這把火似乎已經熄滅。要重新點燃這把火，可想而知不是件容易的事，他可能也需要利用其他行星的能量（第七宮）來振作精神。冥王星於二○一二年進入他的第八宮，通過水星，接著是凱龍星，繼續朝太陽前進，全都發生於第八宮。冥王星過運的漫長過程具備深刻的重塑效果，讓他得以極有決心地將個人的悲傷與失落經驗，運用在提供別人諮商的工作中。

「成為真正的
自己！」

丹尼斯・埃爾威 (Dennis Elwell)
《宇宙的織布機：新占星科學》
（ *Cosmic Loom: The New Science of Astrology* ）

占星學資源

延伸閱讀
已出版的占星學書籍種類浩繁。
以下是關於現代心理占星學
的一小部分選書。

星盤解讀

Horoscope Symbols Rob Hand
(Schiffer Publishing, 1997)

The Houses - Temples of the Sky
Deborah Houlding
(Wessex Astrologer, 2006)

**Through the Looking Glass:
A Search for the Self in the Mirror
of Relationships** Richard Idemon
(Wessex Astrologer, 2010)

**Mapping the Psyche Volume 1:
The Planets and the Zodiac
Signs** and **Volume 2: The
Planetary Aspects and the
Houses of the Horoscope**
Clare Martin
(Wessex Astrologer, 2016)

尋找生命的定位：星盤四軸點與月亮南
北交點（春光出版）
**Incarnation: The Four Angles
and the Moon's Nodes** Melanie
Reinhart (Starwalker Press, 2014)

凱龍星：靈魂的創傷與療癒
（心靈工坊出版）
Chiron and the Healing Journey
Melanie Reinhart
(Starwalker Press, 2011)

占星十二宮位研究（積木出版）
The Twelve Houses
Howard Sasportas
(Flare Publications, 2007)

占星相位研究（積木出版）
Aspects in Astrology
Sue Tompkins (Rider, 2001)

當代占星研究（積木出版）
**The Contemporary Astrologer's
Handbook** Sue Tompkins
(Flare Publications, 2009)

莉茲‧格林已出版的著作不勝枚舉，
但都極為出色，包括與霍華‧薩司波
塔斯合寫的「心理占星學研討」
系列中的一部分。

過運與行星循環

**Planets in Transit: Life Cycles
for Living** Rob Hand
(Schiffer Publishing, 1997)

**Mapping the Psyche, Volume III:
Kairos, the Astrology of Time**
Clare Martin (Wessex Astrologer, 2015)

變異三王星：天王星、海王星、冥王星
的行運、苦痛、與轉機（春光出版）
The Gods of Change Howard
Sasportas (Wessex Astrologer, 2007)

Raphael's Yearly Ephemeris提供每天
行星位置的資訊。或者你也可以購置涵
蓋二十與二十一世紀的星曆表──試試
Neil F. Michelsen和**Rique Pottenger**
的**The American Ephemeris**。

占星學的歷史與哲學

**The History of Western Astrology,
Volumes I and II** Nick Campion
(Continuum, 2009)

**Cosmic Loom: The New Science
of Astrology** Dennis Elwell
(Wessex Astrologer, 2008)

The Astrology of Fate Liz Greene
(Thorsons, 1997)

**Journey Through Astrology:
Charting the Astrological Voyage
of Discovery** The Faculty of
Astrological Studies (Faculty of
Astrological Studies Press, 2015)

**英國的
占星書籍商店包括：**

The Astrology Shop:
www.londonastrology.com

The Wessex Astrologer:
www.wessexastrologer.com

訓練
占星研究學院（Faculty of Astrological
Studies）被認定為當今全世界最優秀
的占星學校之一，一九四八年成立於
倫敦，提供各種研習機會，從線上研
討會、短期課程到完整的占星學訓
練，可在線上或在倫敦上課。在牛津
也有暑期班。www.astrology.org.uk

網站

Astrodienst:
www.astro.com
這裡提供關於占星學許多不同科目與
分支的文章和資訊，亦有免費的星盤
計算服務、免費占星程式列表和免費
星曆表。

Skyscript:
www.skyscript.co.uk
關於占星學許多不同科目與分支的文章
和資訊。

AstroDatabank:
www.astrodatabank.com
無所不包的線上星盤資料庫，包括演
員、音樂家、作家、政治人物，以及
其他當代和歷史上的公眾人物。

Astrolabe:
www.alabe.com
占星程式販售商，提供免費的星盤
計算器。

占星之門：
https://astrodoor.cc/horoscope.jsp
輸入您的出生時間與出生地，即可獲
得免費命盤解析。

專業團體

英國占星學會
(Astrological Association of
Great Britain):
www.astrologicalassociation.com

國際專業占星師學會
(Association of Professional Astrologers
International):
www.professionalastrologers.co.uk

占星教育諮詢小組
(Advisory Panel on Astrological
Education): apae.org.uk

諮詢專業占星師
你可以在www.astrology.org.uk /
consult-an-astrologer 找到受過訓練的
占星師名冊，他們全都擁有占星研究學
院的學位。
亦參考www.professionalastrologers.
co.uk

辭彙表

Air signs 風象星座 雙子座、天秤座和水瓶座。

Angles 軸點 四個軸點分別為上升點、下降點、天頂和天底，代表羅盤的四個方向位：東—西地平線（上升點—下降點）和南北子午線（天底—天頂）。

Aspect 相位 星盤中兩個行星或要素之間的角度關係。占星學所使用的一系列相位，以分割圓周等分的關鍵數字為基礎。不包含在本書中且較少為占星師使用的其他次要相位有五分相（quintile，分割成五等分）、七分相（septile，分割成七等分）和九分相（novile，分割成九等分）。

Aspect pattern 相位型態 行星藉由相位發生關聯的特有型態，從而產生以行星和所涉相位之能量為基礎的特殊動態。本書包含的相位型態代表被認可且時常出現的標準型態，但此外還有其他型態存在。

Cardinal signs 創始星座 牡羊座、巨蟹座、天秤座和摩羯座。

Cusp 宮頭（界線） 兩個宮位之間的分界線。例如第一宮的宮頭是上升點，而第七宮的宮頭是下降點。

Cycle 循環 行星完整繞行星盤一周，或相對於另一顆行星的週期循環（例如月相循環）。

Dissociate 分離 所謂分離的相位或相位型態，是指當某顆行星並未落入我們自然預期的星座中，因而「星座脫位」。例如在牡羊座的某顆行星與在金牛座的某顆行星合相，這種情況稱作「分離合相」。

Earth signs 土象星座 金牛座、處女座和摩羯座。

Elements 元素 四元素為火、土、風和水。每個黃道星座都與其中一個元素有關聯。也稱作星座四分法。

Ephemeris 星曆表 每天正午或午夜時，行星所在位置的列表。星曆表通常也記錄關於月相和日食的資料。

Fire signs 火象星座 牡羊座、獅子座和射手座。

Fixed signs 固定星座 金牛座、獅子座、天蠍座和水瓶座。

Geocentric 以地球為中心 占星學是以地球為中心的系統，將星盤主人置於中心點上觀看黃道和黃道上的行星。

Hemisphere 半球 一半的星盤，由上升點—下降點軸線或天頂—天底軸線一分為二。

Horizon 地平線 橫跨星盤、連接上升點（在東方）和下降點（在西方）的地平線。

Horoscope 天宮圖 即星盤，原本只用於指稱上升點，但現在是指整個星盤。

House 宮位 將星盤分成十二等分後其中的一部分。宮位代表實質與心理的領域。

House system 宮位系統 分割星盤成為十二個宮位的方法。占星學中有許多不同的宮位系統，最廣為流傳的是普拉西德制（為本書所採用）和等宮制（以上升點為起點，將星盤均分成十二等分）。

Lights／Luminaries 發光體 太陽和月亮。

Longitude 經度 黃道的距離單位。在星盤上的行星會被賦予一個黃道經度，也就是占據黃道星座0至30°的位置。

Meridian 子午線 「觀察者的子午線」是指通過地平線南、北端與觀察者頭頂正上方和腳底正下方的圓圈。在星盤

中，黃道與觀察者的子午線在天頂和天底，以及星盤的南北軸線相交。

Modes 型態　三種型態分別為創始、固定和變動。每個黃道星座都與其中的一種型態有關。

Mutable signs 變動星座　雙子座、處女座、射手座和雙魚座。

Natal 與出生有關的　natal chart 等於 birth chart（星盤）。

Negative signs 陰性星座　土象和水象星座屬於陰性黃道星座。

Nodes or Nodal Axis 交點或交點軸　從地球上觀看時，太陽軌道與月亮軌道的相交點。

Orb 容許度　兩顆行星之間準確相位的可加減空間（按黃道度數計算），在這個容許範圍內的相位仍被視為有效相位。

Placidus 普拉西德　一種宮位系統，亦即分割星盤為十二個宮位的方式。普拉西德制按照地球在其轉軸上轉動的時間而非空間，作為分割的依據。在普拉西德制中，天頂和天底分別構成第十宮和第四宮的宮頭。

Polarity 極性　兩個極性為陽性和陰性。每個黃道星座都分屬陽性或陰性星座。

Positive signs 陽性星座　火象和風象星座是陽性星座。

Quadruplicities 四個星座為一組（星座三分法）　依據開創、固定和變動三種型態，將黃道星座分成每四個星座為一組的分類方式。

Qualities 特質　星座的三種型態的別稱。

Retrograde 逆行　行星（不包括太陽和月亮）看似在天空中「向後」移動的視錯覺，不同於平常的「順」行。逆行發生於地球趕過運行較慢的行星，或者被運行較快的行星趕過。逆行是處理過運不可或缺的考量因素。許多占星師相信當星盤中的行星逆行，代表該行星比較內省或哲學省思的表現。逆行也暗示著在這個生活層面比較缺乏自信，也許感覺需要持續消化整理和回顧檢視，或者違逆傳統的行事方法。

Rulership 主宰　每顆行星都「主宰」一個或兩個黃道星座。支配軸點或宮頭所在星座的行星，是該軸點或宮位的主宰，這個主宰影響軸點或宮頭的事務。

Significator 象徵星／點　「代表」某種特定欲望、驅力、目標、情感或經驗類型的星盤要素。例如水星是代表溝通的象徵星，而下降點是代表關係的象徵點。

Singleton 獨星　單獨占據某特定極性、型態或元素的行星，構成該極性、型態或元素特質的主要表現管道。

Table of houses 宮位表　占星師以手工推算星盤時所使用的參考書。當中列出上升點、天頂以及在不同緯度和一天之中不同時間之宮位界線的黃道位置。

Transit 過運　行星繞行星盤的移動。每顆行星都會穿越宮位和通過軸點、行星以及其他星盤點，引發動態的生命事件。

Triplicities 星座四分法　依據四元素將黃道帶分成三個星座為一組的四個群組。

Water signs 水象星座　巨蟹座、天蠍座和雙魚座。

Zodiac 黃道帶　黃道帶以沿著黃道（太陽在一年之中看似的運行軌道）分布的十二個主要星座為基礎。

關於作者

卡蘿爾·泰勒（Carole Taylor），文學士（劍橋大學）、碩士、占星研究學院院士，擔任全職占星師，結合教學、寫作和占星諮商工作。現為占星研究學院（Faculty of Astrological Studies）教務長，曾擔任該學院的研究員。卡蘿爾是《占星學之旅》（*Journey Through Astrology*）的共同作者與共同編輯，也是英國占星學會（Astrological Association of Great Britain）期刊的前任編輯，擁有坎特伯里基督教會大學（Canterbury Christ Church University）的神話、宇宙論與神聖事物碩士學位，現居西薩塞克斯郡。

誌謝

作者誌謝
本書作者要感謝蘇·湯普金（**Sue Tompkins**），身為多年來啟發她的導師、同事、朋友和受信任的占星學指導者。

出版公司誌謝
DK 要感謝 **Katie Hardwicke** 的校對、**Marie Lorimer** 的索引，以及 **Megan Lea** 和 **Alice Horne** 的編輯協助。

圖表使用 Astrolabe, Inc. 發行的 Solar Fire v. 9，www.alabe.com。

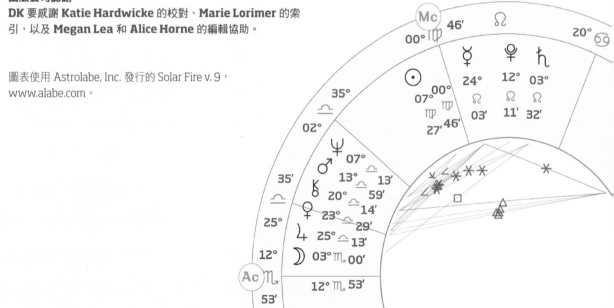